A ALMA BRASILEIRA DO NEGÓCIO

Os direitos autorais desta obra serão doados à ONG Childhood, de proteção à infância e adolescência.

CHILDHOOD

PELA PROTEÇÃO DA INFÂNCIA

LUIZ LARA
COM THALES GUARACY

A ALMA BRASILEIRA DO NEGÓCIO

Da era de ouro à era digital, como a comunicação transforma o mundo

MATRIX

Matrix Editora
www.matrixeditora.com.br
/MatrixEditora | /@matrixeditora | /matrixeditora | /matrixeditora

Diretor editorial
Paulo Tadeu

Assistente editorial
Mayara Oliveira

Capa, projeto gráfico e diagramação
Marcelo Córreia

Foto do autor
Rubens Chiri

Revisão
Adriana Wrege
Silvia Parollo

CIP-BRASIL - CATALOGAÇÃO NA PUBLICAÇÃO
SINDICATO NACIONAL DOS EDITORES DE LIVROS, RJ

Lara, Luiz
A alma brasileira do negócio: da era de ouro à era digital, como a comunicação transforma o mundo / Luiz Lara, Thales Guaracy. - 1. ed. - São Paulo: Matrix, 2025.
184 p.; 23 cm.

ISBN 978-65-5616-602-5

1. Publicidade. 2. Negócios. 3. Branding (Marketing). I. Guaracy, Thales. II. Título.

25-99499.0 CDD: 659.1
CDU: 659.1

Gabriela Faray Ferreira Lopes - Bibliotecária - CRB-7/6643

SUMÁRIO

Este livro foi escrito em memória de meus pais, Eduardo e Maria Helena, que me ensinaram valores que carrego por toda a vida; de meu eterno sócio, Jaques Lewkowicz e do meu querido amigo José Antônio de Castro Bernardes.

Fisicamente habitamos um espaço, mas sentimentalmente
somos habitados por uma memória.
José Saramago

PREFÁCIO

Nestas páginas, meu amigo Luiz Lara nos leva a um mergulho profundo na sua trajetória de empreendedor. Ao longo de mais de quatro décadas, ele não apenas testemunhou, mas ativamente moldou a era de ouro da comunicação brasileira, deixando uma marca indelével nesse setor e nos negócios das empresas das quais foi parceiro. Corretamente, Lara se define como um empreendedor da comunicação, além do seu papel de publicitário. No livro veremos destacada sua crença na força das grandes ideias, que, embora intangíveis, causam provocações e resultados muito reais, mexendo com o emocional das pessoas. Ele viu o mercado se transformando e contribuiu para desenhar a publicidade no país.

Como veremos, sua jornada começou no marketing promocional, um campo menos valorizado na época, mas que ele transformou em porta de entrada para a Lew'Lara, agência que cofundou com o saudoso Jaques Lewkowicz em 1992. A filosofia central já era diferenciada e falava em "criar clientes": identificar empresas incipientes ou não anunciantes e fazê-las crescer, solidificando a agência junto com elas. Foi assim com a Schincariol, transformando-a em Schin com campanhas marcantes, e com a Nokia, uma marca então desconhecida que se tornou líder de mercado de celulares no Brasil graças a filmes antológicos e parcerias estratégicas. O sucesso se estendeu a gigantes, como JBS (Friboi), Natura e TIM, levando a Lew'Lara a se firmar como uma das maiores agências do país, chegando ao segundo lugar no mercado.

Em 1998, quando assumi o Banco Real, acreditei que tinha em mãos uma grande oportunidade, a chance de falar sobre ética e valores e mostrar que é possível dar certo, fazendo as coisas certas, do jeito certo. Não para minha surpresa, vi que também na sociedade eram muitos os que compartilhavam dessa visão, e Lara foi um desses. Mais do que o sucesso comercial, Lara sempre enfatizou um profundo senso de ética com preocupação social e teve o talento de integrar a comunicação a causas e propósitos. Foi essa sensibilidade que nos levou, no Banco Real, a buscar a Lew'Lara como a principal parceira na construção de marca que valorizasse a sustentabilidade, a ética e o valor das relações, num momento em que o foco maior da publicidade era destacar apenas a diferenciação ou a funcionalidade de produtos e serviços. Na época, conversamos com muitas outras agências, mas só a deles captou a essência do projeto e ajudou a construí-lo. Essa parceria resultou em campanhas icônicas, como "O banco da sua vida", que inovou, humanizando a relação do banco com seus clientes, viabilizando seus sonhos e projetos, sendo elogiada por ser verdadeira e por colocar clientes reais na comunicação. Essa comunicação humanizada externalizava os valores da cultura corporativa que estávamos promovendo e de que tantos se lembram até hoje.

Por ter essa visão ampla, seu trabalho, como descreve no livro, foi muito além das campanhas comerciais, abrangendo iniciativas como a fundação do Instituto de Cidadania Empresarial (ICE), que investe em negócios de impacto social, e o movimento Todos pela Educação. Sua campanha *pro bono* "Eu sou brasileiro e não desisto nunca", para a Associação Brasileira de Anunciantes (ABA), que sensibilizou a sociedade e grandes líderes em um momento de baixa autoestima nacional, é um testemunho de como a publicidade pode, de fato, mexer com as pessoas e provocar reflexões. Muitos de nós nos identificamos com essa chamada, mas ela é essencialmente reveladora das entranhas do autor. Foi mais uma evidência da alma brasileira que Lara impregnou em tudo que fez.

Inquieto intelectualmente, Lara também se dedicou a papéis institucionais, liderando fóruns do setor de comunicação, como a presidência da ABAP (Espaço de Articulação Coletiva do Ecossistema Publicitário) e do Cenp (Fórum da Autorregulação do Mercado Publicitário), trabalhando para fortalecer a indústria, enfatizar a ética na publicidade e harmonizar as relações de mercado. Sua visão culmina na TO BE GOOD, um *hub* de inteligência focado em *advocacy* e solução de problemas de comunicação complexos, sempre alinhado a causas e propósitos, e em que o autor atua como um "advogado de causas", resgatando um pouco do espírito da formação acadêmica que teve.

Lara ainda nos leva a viajar pelas mudanças que a tecnologia já nos traz e que certamente ainda vai trazer. O argumento, bem construído, é de que a criatividade e a sensibilidade são fatores humanos que não serão superados pela inteligência artificial. Ela será, claro, muito impactante na produção, na busca de dados, na identificação de tendências observáveis, e tudo isso facilitará o trabalho – esse, sim, indelegável – de sonhar, criar, ousar, que só o ser humano tem, mas que só grandes talentos conseguem transformar em comunicação.

Este livro, portanto, não é apenas um leve e gostoso relato da publicidade brasileira, com histórias muito interessantes da jornada de Lara, mas a prova de que a intuição, o talento humano e a paixão de servir ao outro são os verdadeiros superpoderes capazes de transformar empresas, mercados e a própria sociedade. É também um convite para as novas gerações compreenderem a essência da comunicação, impactando empresas e consumidores de forma correta e respeitosa e gerando prosperidade.

Fábio C. Barbosa é presidente do conselho da Natura. Foi presidente dos bancos Real e Santander, da Febraban e do Grupo Abril.

APRESENTAÇÃO

Em 2024 perdi meu amigo e sócio eterno, Jaques Lewkowicz, o Lew da Lew'Lara, com quem fundei nossa agência em setembro de 1992, que desde 2007 é associada à TBWA.

Pouco depois perdemos Washington Olivetto, o maior publicitário brasileiro de todos os tempos, com quem tivemos – Jaques e eu – o privilégio de ser sócios por dez anos.

Achei que era hora de contar um pouco dessa história que vivi ao lado de líderes lendários, que tornaram a nossa publicidade uma das mais criativas do mundo.

Este livro mostra – pelo meu olhar, é claro – o período de ouro da nossa propaganda. E conta como um estudante de Direito empreendeu nessa indústria de ponta da economia criativa.

Aqui busco recordar alguns *cases* e causos que vivi ao lado de colegas, a quem agradeço pela convivência e antecipadamente peço desculpas por algum esquecimento.

Olhando para o passado recente, achei que essa minha experiência nos últimos quarenta anos poderia contribuir para as novas gerações que vão atuar em comunicação.

Olhando para os lados, vejo uma tal ansiedade em todos nós, que nos sentimos até meio atropelados pela disrupção da nossa indústria, trazida pela revolução digital e agora pelo uso, ainda inicial, da inteligência artificial.

Como bem disse John Hegarty, fundador da agência BBH, "IA é sobre reconfiguração, não originalidade. Ela não pode sonhar. Não pode imaginar o que não aconteceu". Ele reitera que a inteligência artificial não pode ser fonte de originalidade e, embora reconheça o papel da IA como facilitadora de eficiência, alerta que nós, profissionais de marketing e comunicação, não podemos tender para o genérico.

Olhando para a frente, renovo minha crença de que nenhuma empresa poderá abrir mão do seu tom de voz, e de que nós da comunicação continuaremos sabendo criar e fazer a curadoria de boas histórias, de campanhas e conteúdos que vão traduzir o jeito de ser e de fazer de uma marca, vender produtos e serviços.

Como disse Tor Myhren, vice-presidente de marketing e comunicação da Apple, "o toque humano é o nosso superpoder. É o segredo para construir um amor duradouro pela marca". Eu, que sempre gostei de gente, de conviver com a diversidade de talentos dos quais esse ofício me aproximou, de aprender e compartilhar com o outro, concordo com a ênfase dele na importância da nossa humanidade – a salvação da criatividade publicitária. Mais uma vez nas palavras de Myhren: "Uma lágrima para um algoritmo é apenas água, sal e carbono. Para um olho humano, pode ser de partir o coração".

O povo brasileiro adora se comunicar, interagir nas redes sociais, nos bares, nas ruas, nos pontos de ônibus e no metrô, nos pontos de venda, nas trocas do e-commerce, e caberá à nova geração de publicitários não ficar só buscando referências na frente da tela de um computador, mas criar uma publicidade com cara local, brasileira, popular, colorida, criativa e espontânea, como nosso povo. Criatividade que vai virar bordão, que vai entrar na cultura popular mesmo num mundo de mídias tão fragmentadas, em que buscar a relevância está cada vez mais difícil.

Ser humilde, ser curioso e lembrar que ninguém acorda para ver propaganda é a atitude certa para sempre antever o comportamento dos consumidores, medindo seu pulso de forma a criar campanhas memoráveis.

Trabalhar em publicidade é viver o fascínio da incerteza, da descoberta, da reinvenção, da abertura ao novo; é acreditar na liberdade, é ter a coragem de promover o caos e depois filtrar com foco e disciplina a grande ideia que vai vender, que vai fazer as marcas darem um salto, gerando riqueza, empregos e impostos.

Um estudo da Deloitte, rede global de consultoria financeira e gestão de riscos, mostrou que cada 1 real investido em publicidade traz o retorno de 8,50 reais na economia. É assim que mudamos o mundo, porque a publicidade, além de vender, constrói causa e propósito para muitas marcas.

Eu, que acabei de passar da marca dos 60 anos, continuo apaixonado por essa profissão e com a barriga no balcão, embora tenha aprendido a liderar pela retaguarda.

Resolvi escrever este livro por acreditar que as crenças que nos trouxeram até aqui poderão nos levar adiante, ainda que na atual economia de atenção, com novas ferramentas e formatos.

Quero agradecer muito ao amigo Thales Guaracy, jornalista e escritor, de quem sempre fui leitor, que abraçou comigo o desafio de contar esta minha história.

Muito obrigado ao amigo James Rubio, companheiro de uma vida, que me incentivou muito a ter a coragem de escrever e de lançar este livro.

Eu o dedico à Bia, minha namorada, amiga e companheira, com quem estou há 36 anos, numa cumplicidade total. Juntos fizemos esta jornada em que ela foi fundamental em cada passo. Juntos vivemos para nossa família: nossos filhos Ana Teresa, Frederico, Antonia e Francisco e nosso querido genro Alexandre. Todos humanistas, contundentes com suas personalidades únicas, presentes e nos ensinando, a cada dia, o que é o melhor da vida.

1

O PODER DAS GRANDES IDEIAS

No dia 2 de fevereiro de 2025, um domingo, dia de Iemanjá, abri às 18 horas uma convenção da Friboi ao lado de Renato Costa, presidente da empresa, no Hotel Royal Palm Plaza, em Campinas. Fui lá fazer o quê? Contar a história de como nós, da Lew'Lara\TBWA, junto com os acionistas e executivos da JBS, a partir de 2013, fizemos carne de açougue virar marca.

Antes, carne era comprada exposta no gancho do açougue, escolhida por ser a mais vermelhinha e pela opinião do especialista, o açougueiro. Tratava-se de uma *commodity*, isto é, um produto sem nome. Conseguimos não apenas construir uma marca conhecida nacionalmente, como também fazê-la virar sinônimo de uma categoria, *top of mind*, lembrada e escolhida por 51,8% dos brasileiros, segundo uma pesquisa de 2024 do instituto Datafolha.

Com a campanha "Carne de confiança tem nome: Friboi", estrelada pelo ator Tony Ramos, repetindo o bordão "pergunta se é Friboi", a Lew'Lara\TBWA fez o que a boa propaganda deve fazer: criar uma percepção de valor maior do que aquela que passa a etiqueta de preço. Criamos uma autoridade de marca onde nem marca havia. A Friboi se tornou referência, cresceu e passou a desenvolver a elasticidade do seu nome com a segmentação: lançou Friboi Reserva, Maturatta, carne Do Chef e 1953.

É raro fazer uma marca virar categoria, da mesma forma que chinelo de borracha passou a ser Havaianas e palha de aço, Bombril. No caso da Friboi, fizemos ainda mais: estimulamos a exigência de qualidade por parte do consumidor, um avanço num mercado em que havia muito produto vindo de matadouros sem nenhuma certificação, mesmo em cidades grandes e supostamente com controle sanitário, como São Paulo.

Contribuímos para o crescimento extraordinário da Friboi, do Grupo JBS, que, pela ousadia e competência de seus acionistas e executivos, tornou-se a maior empresa de proteína animal do mundo, entrando em mercados ainda maiores que o brasileiro, como o dos Estados Unidos. Assim como ocorreu com outros clientes, crescemos junto com a JBS, desde quando os irmãos Joesley e Wesley Batista nos procuraram, ainda nos anos 1990, para vender uma linha de limpeza – Minuano, marca desconhecida no Brasil, com distribuição apenas na região Centro-Oeste.

O *case* da Friboi mostra como a propaganda pode educar, mudar o comportamento das pessoas, melhorar a sociedade, ampliar o mercado e criar perspectivas para uma empresa que ultrapassam o próprio país. Foi feito com criatividade, teimosia, persistência e a crença inabalável de que o ativo intangível das grandes ideias faz a propaganda ser a indústria que movimenta as outras indústrias; faz as marcas se desenvolverem, crescerem e se conectarem com milhões de pessoas.

Havia 800 participantes na convenção da Friboi: eles representavam os criadores – a originação, que está na fazenda –, a fábrica, que produz, e a equipe de vendas, que distribui. Todos estavam orgulhosos. Quando saí da convenção, senti a importância que nosso trabalho também tem para as pessoas que estão dentro do negócio – e estava igualmente orgulhoso.

Gostei de falar nesse evento, porque não falamos de campanha, de publicidade, de comunicação: falamos do negócio, que hoje é, com a comunicação, uma coisa só. Hoje consumimos comunicação o tempo todo. Pelo *smartphone*, na rua, pelo rádio, pelo computador, pelo *tablet*, na TV – todos os meios que estão à nossa disposição e com os quais hoje podemos interagir, da hora em que acordamos até quando vamos dormir. A comunicação mudou a vida e os negócios: a forma de comprar, de vender, a gestão, a logística, tudo.

Eu vi o mercado se mover: uma história que posso contar, porque comecei lá atrás, o que me permite enxergar melhor o presente e desenhar o futuro, em que o envolvimento da comunicação com os negócios e a coletividade será cada vez maior.

* * *

Não me considero um publicitário, sou um empreendedor. Sempre coloco à frente causa e propósito: a contribuição que damos à sociedade e faz tudo ter uma importância maior, na Lew'Lara, na iD e em tudo que faço. Na área institucional, em defesa da indústria da propaganda, como ex-presidente da Associação Brasileira das Agências de Publicidade (ABAP) e desde 2025 presidente do Fórum da Autorregulação do Mercado Publicitário (Cenp). Levo esse princípio às causas de impacto social, que abraço em atividades como as do Instituto de Cidadania Empresarial e da Childhood – organização que atua na proteção dos direitos humanos de crianças e adolescentes.

Acordo todos os dias querendo fazer algo relevante. Podemos e devemos utilizar o poder do empreendedorismo para criar valor e transformar o mundo em algo melhor. É essa a minha missão.

A comunicação cria valor não somente para as empresas, mas também para toda a sociedade. E do jeito mais difícil, ou mais desafiador, que é a partir de algo intangível.

O que move a publicidade é a força da grande ideia; é algo abstrato, mas seu resultado é muito real. Evoluímos tecnologicamente. A comunicação unidirecional – a TV, o jornal, a revista, o rádio e a mídia exterior – passou a ser reverberada no meio digital, mas o princípio da comunicação continua o mesmo: ela depende das grandes ideias, que vêm do talento humano.

O *outdoor*, que agora é o *out of home*, virou uma TV a céu aberto, com os *displays* eletrônicos. Nas plataformas das redes sociais, a conversa com o consumidor evolui. A comunicação no meio digital, com o *smartphone*, permite uma troca bidirecional e até multidirecional, num mundo multiplataforma onde o consumidor não só recebe a informação, passivamente: ele também produz e emite conteúdo.

Se os anos 1980 marcaram o início do *boom* criativo, quando as campanhas brasileiras conquistaram o mundo e lideraram as principais premiações do planeta, e os anos 1990 foram a era do relacionamento, os anos 2000 são o período das experiências, com a interação entre consumidores e marcas. A propaganda ficou fragmentada e vive de experiências, do diálogo. Os consumidores querem ser acolhidos, pertencer a grupos e ser reconhecidos. Procuram marcas em cujo propósito se inspiram.

Com isso, a comunicação passou a ter mais importância do que nunca. Ganhamos poder, ganhamos longevidade, ganhamos presença. Mas ficou difícil uma campanha conquistar relevância. Estamos a 24 x 7, isto é, ligados o tempo todo, em palco aberto, 24 horas por dia, sete dias da semana. Isso permite uma interação com o consumidor muito maior.

Nosso trabalho se tornou muito mais complexo. No mundo fragmentado, onde cada um assiste ao que quer, dentro de uma infinidade de opções, construir e posicionar uma marca ficou mais difícil, por isso a comunicação é ainda mais importante.

A inteligência artificial vem trazendo uma automatização maior; a comunicação evolui cada vez mais para a tecnologia e os dados, mas ainda depende de criatividade. Os dados, ou os algoritmos, trazem *insights* poderosos sobre o comportamento, a jornada do consumidor. Porém, se você não sabe potencializar esses dados com a mágica criativa, não transforma isso em grandes histórias.

Os dados ajudam a explicar o que já existe, mas é preciso criar o que ainda não existe. Como já bem definiu o cantor, compositor e ex-ministro da Cultura Gilberto Gil, o consumidor sabe o que quer, mas também quer aquilo que não sabe. O publicitário – e mais amplamente o profissional de comunicação – hoje precisa ser ao mesmo tempo contador de histórias, estrategista de dados e agente de impacto cultural.

A verdade está nas ruas, na mente e no coração dos consumidores, nos pontos de ônibus, nos bares, nas redes sociais, na conversa. O brasileiro adora a comunicação. No Brasil, ela faz parte da cultura popular. Se existe um *soft power* no Brasil e uma atividade de ponta da economia criativa no país, é a publicidade.

Isso ocorre graças a um modelo de negócio implantado por uma geração de pioneiros, desenvolvido por nós e que permitiu a multiplicação de grandes talentos. Não só na criação, como no *design*, na mídia, no planejamento, no atendimento. Para acontecer a mágica criativa, há um aspecto importante: ninguém faz nada sozinho.

Eu, que me formei em Direito na Faculdade do Largo São Francisco, em São Paulo, mas sempre fui fascinado por mídia, tive o privilégio de conviver com grandes talentos criativos. Vivemos uma era de ouro da comunicação brasileira, que contribui também para o futuro. Ela mostra, sobretudo, que por trás da grande ideia, o "que" da publicidade, sempre tem o "quem". Sem o "quem" não tem o texto; não tem criação, não tem publicidade, não tem nada.

A mágica de contar uma boa história é ancestral. Hoje, estamos numa sociedade visual. Mudou a forma de contar, mas todo mundo ainda se apaixona por uma boa história. É incrível quando ela revela o posicionamento da marca em todas as plataformas. É isso que faz a comunicação ser muito eficaz.

Hoje, uma campanha pode começar nas redes sociais. Há clientes que aprovam um filme para começar a ser divulgado pelo WhatsApp, mas o importante, em qualquer plataforma, é saber contar uma boa história, que conecta você à marca.

A criatividade vem do talento, e o talento humano precisa ser bem remunerado. Uma boa campanha pode começar pelo texto ou por uma ideia da direção de arte; no mundo do *soft power* em que estamos, o "quem", a pessoa que cria, é fundamental. A tecnologia, a IA, não pode circunscrever o talento humano; nós fazemos a diferença e temos de ser valorizados. Se a publicidade é atividade de ponta da economia criativa, é graças ao talento. Isso não desaparece.

Já não era fácil construir uma marca quando não havia essa comunicação o dia inteiro, e o investimento se concentrava na TV Globo, que detinha 70% da audiência dos aparelhos ligados, assim como em mídia impressa nos grandes jornais e na revista *Veja*, que era a quarta maior publicação semanal de notícias do mundo, com 1,3 milhão de leitores regulares. Era preciso buscar a atenção do consumidor, e ainda é. Só que, com a fragmentação das mídias, não há mais um veículo com predomínio sobre outros.

Essa transformação vem de longo tempo e contou com o trabalho de muita gente brilhante. Comecei minha carreira com os líderes pioneiros do mercado publicitário, que, com seu esforço para criar as bases da indústria, permitiram que a publicidade brasileira se tornasse um negócio de Primeiro Mundo.

Basta dizer que o Festival Internacional de Criatividade Cannes Lions, o óscar da indústria publicitária global, lançou a categoria "Creative Country of the Year", na edição de 2025, escolhendo o Brasil como o primeiro premiado, com uma centena de Leões e Grand Prix, um recorde histórico. Isso se expressa em outros números. Em 2024, enquanto a economia brasileira cresceu 3,4%, os investimentos em publicidade avançaram 12,7%, num total de 26,3 bilhões de reais, a partir da base de dados de 339 agências que participam do painel do Cenp-Meios.

As grandes multinacionais de comunicação foram atraídas por esse sucesso, e sobretudo pelos resultados que as agências obtêm; o espaço para a comunicação se ampliou. Mais ainda, contribuímos – e nisso com a Lew'Lara fomos pioneiros – aproximando as campanhas das questões socioeconômicas e ambientais. Cada vez mais, as empresas têm visto que a publicidade hoje, além de vender, tem de ter causa e propósito. Seu papel na sociedade mudou. As pessoas cada vez mais adotam causas sociais e ambientais e consomem marcas com as quais se identificam, de acordo com essas questões.

É uma mudança e tanto, da qual participei por dentro, e que permite ter uma visão de que essa é uma tendência sem volta. O que fizemos primeiro na Lew'Lara se tornou o futuro.

* * *

Sigo apaixonado por esse ofício e creio piamente na capacidade de uma empresa, ao adotar um tom de voz, criar uma campanha marcante, um conteúdo marcante, uma experiência de ativação promocional marcante, que fazem a diferença, que fazem vender. Dessa forma ela se conecta com o consumidor, desenvolve novas categorias de produtos e serviços e cria uma identificação com as pessoas que vai bem além de uma simples venda.

Sempre acreditei nessa maneira de trabalhar. Desde que comecei minha carreira, passei por altos e baixos, sofri muito, associei-me e me dissociei várias vezes ao longo da carreira. Porém nunca hesitei em seguir adiante, nunca deixei de acreditar no valor que geramos – para as empresas, para a economia como um todo e para a sociedade.

A publicidade é um instrumento legítimo da iniciativa privada que permite às marcas dar um salto, desenvolver categorias de produtos e serviços, criar segmentos de mercado. É a indústria de ponta da economia criativa que faz a roda da economia girar. A partir de uma ideia intangível, gera vendas, riqueza, empregos e pagamento de impostos. E faz uma empresa ganhar participação de mercado, criar uma conexão e uma conversa com os consumidores, criar o propósito e outros ativos intangíveis para a marca.

Nenhuma marca pode deixar de se comunicar; nenhuma empresa pode perder o tom de voz. Também, como sempre, é preciso ser humilde. O mundo mudou, e mudou o jeito como a gente consome mídia. A gente sabe disso, mas todo mundo continua consumindo conteúdo com as mesmas premissas.

Primeira: ninguém acorda de manhã para ver propaganda. É preciso ser humilde, porque a publicidade é uma intromissão na vida dos outros; vivemos na economia da atenção. É muito difícil entrar no dia a dia das pessoas com uma pauta pessoal e profissional lotada. Porém, com o humor, a emoção, o *insight* certo, a propaganda chama a atenção, conecta você com uma marca e, com a tecnologia, faz com que você converse com ela, como acontece com uma pessoa.

É isso que faz uma marca, como a Apple, ser tão desejada – e não é de hoje. Eu, que nasci em 1962, cresci cantando os *jingles* da Varig, na época a maior companhia aérea do Brasil. Sei de cor ainda a música dos cobertores Parahyba ("Já é hora de dormir, não espere a mamãe mandar...").

A propaganda tem um papel fundamental na vida das pessoas, individualmente, e da sociedade como um todo. Cumpre o papel de entreter e informar. Mais: ela cria hábitos. Ela vende. No Brasil, em que há um déficit educacional muito grande, a publicidade, como um braço da iniciativa privada, promoveu em larga escala a educação e a inclusão social pelo consumo.

As campanhas de Kolynos mostraram ao Brasil o que é a cárie e ensinaram as crianças a escovar os dentes. A propaganda ensinou a dona de casa a lavar a louça na máquina, a colocar fralda descartável no bebê; ensinou adolescente a usar sutiã, com a campanha criada pelo Washington Olivetto para a Valisère; ensinou o jovem rebelde a usar calça jeans, em vez das calças de alfaiataria, e fez o homem parar de usar só camisa branca e terno com a campanha "Bonita camisa, Fernandinho", da Talent, para a USTop.

Mostrou a importância da qualidade com a campanha "Não é assim uma Brastemp", da Talent. Falou de ressaca ("Eu sou você amanhã", campanha do Jaques Lewkowicz de 1987, que completava: "exija vodka Orloff hoje"). Numa linguagem sutil e delicada, até fez a mulher usar absorvente íntimo – aquele tubinho, que era um tabu –, em uma campanha memorável da DPZ para a marca O.B., que então pertencia à Johnson & Johnson.

Tudo isso entrou para a cultura popular. "Pense em você amanhã" gerou a expressão "efeito Orloff", para indicar que tudo tem consequência, para dizer que as crises da Argentina aconteciam também mais tarde no Brasil. Por muito tempo, sinônimo de coisa boa era algo que "não deforma, não solta as tiras e não tem cheiro", primeiro grande comercial de sucesso das Havaianas, com Chico Anysio, ainda nos anos 1970.

A propaganda educa porque ensina as pessoas. Tem um papel neste país, que sempre educou pouco e ficou com um *gap* educacional muito grande. A propaganda ainda tem essa função, mesmo que estejamos vivendo a geração dos *skip ads* – gente que não aceita propaganda como a gente aceitava, na TV gratuita, em meio ao entretenimento. Hoje, no meio digital, as pessoas bloqueiam anúncios indesejados, mas consomem propaganda nos conteúdos das redes sociais, no merchandising dentro dos *streamings* dos filmes.

Você não acorda para ver propaganda, mas, até o momento em que vai dormir, se depara com ela o tempo todo. Lê notícias no celular, ouve rádio, vê seu WhatsApp, Instagram, YouTube, Facebook, TikTok; em todos esses momentos se depara com publicidade.

Mesmo que você não queira contato algum com ela e diga que não dá bola para isso, a marca está no leite e no café que tomou de manhã, na camisa que veste, no tênis, no celular, nos óculos, no carro.

São marcas que você conhece e em que confia, e elas dizem muito a seu respeito, porque são escolhas, mostram com o que você se identifica. Quem conectou você com essas marcas? A comunicação, a publicidade.

Você pode justificar suas escolhas racionalmente. Um tênis, por exemplo, é mais barato que outro. Há quem diga: "Não perco tempo com isso, não sou da moda", ou "o carro que comprei é econômico". Porém, você não decide nada disso racionalmente. É por emoção mesmo.

Atributo racional é regra do jogo: claro que o tênis tem de ter solado adequado para você praticar um esporte ou andar. Há o produto que melhor condiz com o consumidor, na relação entre custo e benefício, mas ele não vai comprar só fazendo uso da razão.

O que faz alguém comprar um tênis Adidas ou Nike, produtos industrialmente parecidos, é a emoção. E a emoção quem dá é a publicidade.

Isso vale para qualquer produto, do mais popular ao mais sofisticado. Você não anda com o tênis da Nike ou da Adidas por causa do solado de borracha, mas porque gosta da marca da vitória ou acha *cool* as três listras. Ninguém compra um Nissan Kicks porque ele vai de 10 a 100 km/h em sete segundos; compra porque gosta da marca. Uma mulher não usa só um xampu para cabelo seco ou oleoso; ela compra o da linha Ekos, da Natura, porque se identifica com a causa da natureza, da sustentabilidade, das comunidades.

As pessoas justificam suas compras racionalmente, mas compram emocionalmente. Ninguém pode proibir o desejo. A propaganda não obriga você a comprar, mas aproxima você das marcas. E você sempre dá mais valor ao que tem do que aquilo efetivamente vale. Pode ser um tênis simples, mas você gosta dele. Por isso, Havaianas pode ser um chinelo de borracha, mas virou moda no Brasil, graças ao trabalho incrível da AlmapBBDO, iniciado por Marcello Serpa, e na Europa, onde é vendida por 40 euros o par.

Celulares, em tese, são todos iguais: fotografam, filmam, mostram a hora, despertam, acessam as redes sociais. Está tudo neles. O que diferencia o aparelho? Marca. É o que faz ter fila para a compra de um iPhone. Cada vez mais é fundamental construir a marca e criar essa percepção emocional de que um produto vale mais do que o que consta na etiqueta de preço. Porque, com capital e tecnologia fartos, os produtos e serviços estão cada vez mais assemelhados. O que os diferencia? A marca.

Ninguém obriga o consumidor a comprar, mas a publicidade fala com o seu desejo. A meu ver, ela acirra o mercado; e quanto mais competitivo ele é, mais o consumidor se beneficia: melhores têm de ser os produtos e mais soberano ele fica para escolher. Quanto mais bem informado, melhor ele decide.

* * *

Eu tive o privilégio de ver o trabalho de gerações de publicitários maravilhosos; teremos outros ciclos, diferentes, em que esse talento também é necessário. Mais do que nunca é preciso disputar a atenção das pessoas. Na economia da atenção, o tempo é o bem mais caro que se pode dar. Reunião? Tem de ser muito objetiva. Eu vou a reuniões de duas horas e vejo que as pessoas estão ali de corpo presente, mas sonhando com outra coisa.

Já dizia o jornalista Thomaz Souto Corrêa, que foi vice-presidente da Editora Abril: o mundo se divide em dois tipos de pessoas – aquelas com quem você quer falar e aquelas que querem falar com você. Às vezes isso coincide, mas não na maioria das vezes.

Você tem de reconhecer que a publicidade é uma interrupção, uma invasão no dia a dia das pessoas. A propaganda não é notícia, não é literalidade. É uma exacerbação da realidade, porque eu preciso chamar a sua atenção, pela porta do humor ou da emoção. De uma forma ou de outra, deve ser cativante.

Uma condição para ser um bom publicitário, além da humildade – porque você é uma intrusão na vida das pessoas –, é pesquisar. Hoje há muitos dados. Seja curioso, não acredite em respostas prontas. Duvide dos dados. Duvide de todos os *briefings* que recebe do cliente. Vá para a rua, fale com as pessoas. Pergunte, pergunte e pergunte. Ponha a barriga no balcão. Estude a jornada do consumidor.

Nas redes sociais, veja mais os comentários do que as postagens. Não é o que se posta, mas o que se comenta a respeito da postagem. Em publicidade, na era da comunicação multidirecional, você vai trabalhar não só com o que acha, mas com a percepção que as pessoas têm. Estou emitindo uma informação, mas você não está necessariamente percebendo o que ou como estou emitindo.

Por fim, uso a frase do Francisco Madia, grande especialista em negócios de comunicação: nunca troque janela por espelho. Em vez de ficar se admirando pelo sucesso, continue de olho nos consumidores. Você precisa gostar muito de exercitar permanentemente a sua curiosidade. Estar aberto ao novo. Não existe verdade pronta em comunicação. Tudo muda a cada instante. Para uns é cansativo. Para outros, fascinante.

Num mercado competitivo, em que tudo muda o tempo todo, ninguém pode sentar em cima de resultados passados. Ninguém mesmo. Washington Olivetto, um dos publicitários mais premiados do mundo em todos os tempos, do qual fui sócio, guardava os Leões de Ouro que ganhou em Cannes e outros prêmios na sala de trabalho, "displicentemente" dentro de uma lata de lixo. Era um lembrete para todos e para ele mesmo.

Por fim, seja cativante: pelo humor, pela emoção. Propaganda é criatividade, mas é muito teimosia: repita, repita e repita. Acredite no seu taco, tenha confiança no que faz. Não tenha medo, se atire. Para mim, o *smartphone* é uma revolução tão grande neste século quanto foi a do automóvel no século XX, porque reinventou o conceito de mobilidade. Claro, como todo mundo, nessa época fiquei apreensivo. Porém nunca tive receio, nem me acomodei.

* * *

Na maior parte das vezes, a publicidade surfa na tendência; ela vê antes. Baseia-se hoje muito no dado, mas não pode abandonar a rua, a conversa de bar, o ponto de ônibus, a visão de mundo, com a curiosidade atenta que o publicitário deve ter permanentemente, para poder antever tendências e aí conseguir conectar os atributos de uma marca ou serviço com aquele momento.

A tecnologia muda, os tempos mudam, só não muda o ser humano. O desejo. Todo mundo acorda com um. O desejo de uma pessoa é dela, não é igual ao de outra. Não venha dizer: "Ah, eu sou um anticapitalista, um antipequeno-burguês, estou desligado disso tudo". Os desejos são diferentes para cada um, mas todos têm.

Quando eu capto a atenção de alguém, a mesma pessoa que diz não ligar para a marca do celular, por exemplo, vai à fila da Apple comprar um iPhone novo. O que explica isso? Tratamos as marcas como pessoas. A gente gosta delas. Fazem parte do nosso dia a dia. E quem conecta você com essas marcas é a propaganda.

O desejo e a relação emocional nos guiam na vida, e a propaganda é capaz de suscitar isso. É intangível, mas tangibiliza a percepção de valor. Ninguém investe em propaganda se não for para criar uma percepção de valor maior que a da etiqueta de preço; se não for para as marcas darem um salto; ou para desenvolver categorias de produtos e serviços, conectar-se com pessoas e gerar lucro. O resultado é bastante palpável.

Marca, hoje, é um ativo valorado em Bolsa. Quando a Jaguar foi vendida para a Tata Motors, grupo indiano, eles não estavam comprando as fábricas, um ativo só, para construir carros com aquela tecnologia, mas uma marca e todo o seu capital simbólico. Por vezes, a marca é tão forte que sobrevive à própria empresa. Quando a Sadia quebrou, na crise dos derivativos durante os anos de 2007 e 2008, nenhuma dona de casa deixou de comprar seus produtos no supermercado, porque confiava na qualidade. A família Fontana, dona da empresa, encontrou uma saída empresarial na associação com a Perdigão: nasceu a BR Foods, que passou por vários percalços de gestão, diferentes acionistas, mas as marcas seguiram com prestígio.

Mesmo uma marca forte precisa de cuidados permanentes, sob o risco de trocar janela por espelho. Eu até entendo o *my way* – o cara que mete uma ideia na cabeça e persiste nela, sem pensar na resposta do mercado –, mas é uma paixão. Não é incomum; ao contrário, a gente vê isso todo dia: no momento em que o publicitário fica vaidoso, se admirando, e a marca fica vaidosa com ele, vem um concorrente e mata os dois. Por isso, ser humilde, ser curioso, e exercitar isso permanentemente, é a sina do publicitário. Dormiu em berço esplêndido, está morto.

É preciso estar sempre atento, senão a concorrência vai comer você. Não é mais a concorrência tradicional. Com o celular, quem precisa usar relógio? Então, inventaram o relógio que funciona como um celular. Eu não sou um sujeito muito tecnológico, mas sou o maior consumidor emocional disso, porque mostro para as pessoas pelo relógio que cumpro as minhas metas, da agenda aos exercícios físicos.

Uma marca precisa ter um propósito. A propaganda ajuda a definir esse propósito e a comunicá-lo. Se o Itaú é uma das marcas mais admiradas do Brasil, não é porque vende serviço financeiro, mas porque criou uma aura aspiracional em torno de sua marca. É importante também a marca ter um propósito. O Luiz Seabra, que desenvolveu a Natura, ao lado do Pedro Passos e do Guilherme Leal, com quem trabalhei por quase dez anos, não vende cosméticos. Na visão dele, a Natura vende autoestima. Ao usar os produtos Natura, as pessoas se permitem estar melhor consigo mesmas. Com isso, passam a se dar melhor também com as outras.

Charles Revson dizia que a Revlon não é uma marca que vende cosméticos, ela vende sonhos. A Netflix não vende *streaming*, vende conteúdo: drama, comédia, enfim, sonho, emoção. E vende a personalização. A Netflix de uma pessoa não é igual à de outra: ela registra o que você gosta, seleciona e oferece coisa parecida; é uma televisão responsiva.

A propaganda ajuda a definir esse propósito e a comunicá-lo. Johannes Gutenberg revolucionou a comunicação ao inventar seu sistema de impressão, em 1439. As plataformas digitais são outra revolução, porque permitem uma comunicação maior e instantânea. A verdade, no final, é que não existe mundo sem comunicação. Ela sempre vai existir, nas mais diferentes formas.

Um garoto de 10 anos é de um jeito, o de 12 já é de outro, o de 14 também. Cada um deles renega aquilo em que acredita o mais jovem. Hoje, temos várias tendências; temos velhos jovens, que vão viver mais trinta anos; e haverá comunicação para cada um. O jeito de nos comunicarmos mudou, e continuará mudando, mas nunca vai cessar a procura pelo tom de voz.

* * *

A comunicação é orgânica. Está passando por uma mudança, como todos os negócios. Mudou o jeito de produzir, vender, distribuir. Empresas como Uber e Airbnb estão mudando o conceito de consumo. Estamos em um capitalismo que eu chamo de valor compartilhado. As pessoas sempre buscam acolhimento, pertencimento e reconhecimento – a marca precisa de um propósito que inspire as pessoas. Cabe à propaganda construir essa narrativa.

Essa geração, de valor compartilhado, é de um desprendimento total. Gente assim hoje está em São Paulo, amanhã está em Londres. Não lida bem com esse negócio de fazer carreira dentro de uma só empresa, como a minha geração pensava. Só vão existir talentos onde se cria um ambiente feliz. É claro que a remuneração é importante, mas, se não tiverem prazer no que fazem, eles vão embora. Nas relações trabalhistas, as agências de publicidade estão tendo que se reinventar.

Mesmo com a velocidade do público jovem, a linguagem da viralização, as *hashtags* e os memes, não muda o jeito de contar uma boa história. A base é a verdade, a história tem que ser consistente. A criatividade se manifesta pelo humor, pela emoção e por valores verdadeiros. O ser humano precisa se comunicar. E onde houver comunicação terá de haver humildade, inovação e atenção constante. O mercado vai mudar. As marcas vão mudar. A jornada do consumidor vai mudar. As gerações vão mudar. Mas uma coisa vai permanecer: o "quem", o talento. Ele é que vem atrás do "que" e do "como".

É de onde sai a mágica intangível: como transformar o importante em algo interessante e relevante. Fomos nós que viemos construindo isso, a partir da evolução da indústria. Vi por dentro essa história, que traz um conhecimento essencial para os dias de hoje, porque as premissas da comunicação não mudaram. Por meio dessa indústria, já mudamos muito o Brasil e o mundo – e é desse jeito que continuaremos a mudar.

2

O EMPREENDEDOR DA COMUNICAÇÃO

Como se sai do zero? Com a vocação. A gente se desenvolve com o tempo. Cada fase traz uma lição, mudamos com o tempo, e vamos contribuindo também para mudar o tempo.

Se fosse seguir a expectativa ou a influência da família e da escola, eu não teria nada a ver com propaganda.

Meu pai, Eduardo, formado engenheiro agrônomo em Louisiana, nos Estados Unidos, assim como o irmão, meu tio e padrinho Roberto, era apaixonado pelo campo. Na fazenda em Itu, foi um dos pioneiros na criação de gado Nelore e Guzerá. Chegou a tirar 20 mil litros de leite por dia, junto com meu avô e meu tio; eles tinham uma usina de pasteurização e forneciam leite para o bairro de Higienópolis, em São Paulo. Depois, tiveram também gado de corte.

Meu pai era muito trabalhador, sempre foi um produtor rural dedicado. Passava a semana na fazenda, trabalhando, e no fim de semana vinha para casa, em São Paulo. Morávamos no Pacaembu, na Rua Capitão Garcindo, 165. Ana Beatriz, a Bia, minha mulher, era vizinha de muro; mudou-se para a Cidade Jardim quando eu tinha 12 anos e ela, 8.

Minha mãe, Maria Helena, gostava muito de ler, além de cantar e tocar violão – tocava muito bem e chegou a gravar discos em estúdio, em português e francês. Adorava estudar línguas e, a partir dos 40 anos, quando resolveu trabalhar fora, foi dar aulas de Inglês na Cultura Inglesa. Meus pais se casaram em 1953 e tiveram quatro filhos: meus irmãos mais velhos, Eduardo (1954), Fernando (1956) e Marcos (1958), e eu, que nasci em 1962.

Por criação e também temperamento, eu sempre me senti muito responsável. Fazia questão de desempenhar esse papel, e o levava a sério – levo até hoje, não me libero. Muito estudioso, meio *nerd*, até a quarta série eu tirava só nota 10. Uma vez em que tirei 9,8, cheguei em casa chorando. Apesar de meio tímido quando garoto, era o orador da classe: sempre fui muito comunicativo, *blessed by nature* com o dom de falar.

Era um leitor voraz desde pequeno. De Monteiro Lobato li tudo, bem como de Julio Verne. Quando fiquei um pouco mais velho, continuei lendo. Herdei da minha mãe o hábito de ler livros, que trago comigo a vida inteira. Sempre fui também fascinado por mídia. Meu pai lia muito jornal, e desde os 6 anos de idade eu o acompanhava. Comecei lendo as seções de cinema e de esportes. Depois, passei a discutir com ele o editorial de *O Estado de S. Paulo*, o *Estadão*, jornal ao qual era muito ligado, até pelo seu parentesco com tia Laurita e Ruy Mesquita.

Além de ler muito, tanto jornais quanto livros, eu adorava contar histórias. Muito criança, eu comandava sessões de teatro de marionetes na fazenda do meu avô, onde passávamos as longas férias da época. Era tão fissurado que saía andando e falando sozinho, inventando histórias com as marionetes nas mãos. Lia as peças infantis de Maria Clara Machado, escrevia roteiros, ensaiava com as minhas marionetes e vendia ingressos para minhas peças de teatro para tios, tias, primos e primas. Exigia audiência e atenção.

Vivia imerso nesse mundo, que, sem saber, já era o da comunicação. Adorava ver os comerciais de televisão, ainda sem conhecer a profissão de publicitário. Consumia TV e rádio o dia inteiro. São-paulino fanático, ouvia muito as resenhas esportivas. E participava delas.

* * *

Em novembro de 1973, quando eu tinha 11 anos, o São Paulo iria jogar contra o Palmeiras, que vinha de uma série invicta no Campeonato

Brasileiro de 32 partidas. Eu assistia ao programa de debates da TV Tupi, na hora do almoço, e Geraldo Bretas, grande locutor e comentarista esportivo, não acreditava na vitória do São Paulo. Falou que ia raspar a cabeça se o Mirandinha, centroavante do time, fizesse um gol no adversário.

Abri a lista telefônica, um livrão grosso publicado todo ano com o telefone de todo mundo. Procurei o número do Geraldo Bretas, esperei o programa acabar, o tempo de ele chegar em casa, liguei e ele atendeu. Bateu um papo de meia hora comigo ao telefone. Fui ao jogo, e o Mirandinha fez dois gols em vinte minutos. O São Paulo quebrou o tabu: ganhou de 2 a 1 e acabou com a invencibilidade do Palmeiras.

Cobrei do Geraldo Bretas que ficasse careca. Passei a ligar para ele toda hora. Ficamos amigos. Ele começou a falar de mim no ar.

– Me ligou um menino, o Luiz Lara, são-paulino...

Meu interesse pelos jornais e pela imprensa de forma geral vinha bastante do fato de que eu convivia muito em casa desde cedo com os Mesquitas. Com 12 anos de idade, eu ia ao Centro de São Paulo visitar as redações do *Estadão*, na Rua Major Quedinho, e da *Folha de S.Paulo*, na Barão de Limeira. Nos prédios não havia portaria, segurança, nada. Você entrava e podia ficar andando lá dentro, na redação. Eu achava tudo fascinante, mas não pensava naquilo como trabalho. Para mim, era diversão.

* * *

Minha primeira participação na comunicação, de fato, foi na escola. Do Colégio Ofélia Fonseca, com 14 anos, eu deveria ir para o São Luís, colégio jesuíta onde meu pai e meu avô tinham estudado. Porém, meus três irmãos tinham saído do São Luís. Os padres disseram que o nome da família estava muito marcado. Então eu fui para o Colégio Rio Branco, em Higienópolis, e que sorte.

O Ofélia era um colégio difícil, muito puxado; eu tinha uma base muito boa, e o Rio Branco era mais fácil. O colégio era uma delícia, fiz o segundo grau (atual ensino médio) com o pé nas costas. Lá eu conheci James Rubio, Raul Doria, Julio Anguita, Paulo Kauffman, amigos da vida inteira. Posso dizer que nessa fase descobri a vida. Continuei a ser bom aluno, mas já não era o primeiro da classe. Tenho um lado A muito preciso, disciplinado, capricorniano: pé no chão, de foco, de trabalho, de meta. E um lado B, boêmio, que até então estava pouco desenvolvido.

O lado B começou ali, com os amigos que fiz no Rio Branco, muitos deles de famílias ligadas à comunicação: James Rubio, que foi presidente do centro acadêmico do colégio, e Raul Doria – que estava um ano atrás da gente, mas se juntou a nós pelas afinidades –, filho do publicitário João Doria e irmão do João Doria Júnior, então diretor de comunicação da TV Tupi, que já tivera o seu auge, mas ainda estava viva.

Naquele grupo estavam ainda Paulo Kauffman, que era muito criativo e divertido, e o Julio Anguita, então um rapaz simples do interior, mas um cara de pau tremendo e talentoso, além de muitos outros que se juntaram a nós. Comandamos o centro acadêmico do Rio Branco e fomos muito além. Na escola, promovemos espetáculos como o "Miss Rio Branco" e o "Show de Talentos". O pai do James Rubio, um jornalista importante, trazia jurados e Raul falava com o irmão, João, na TV Tupi, que também ajudava.

Éramos, no mínimo, pretensiosos. Nós queríamos coreografar os shows e convidamos para isso a Ala Szerman. Estava no auge a ginástica pela TV, e não havia equipamentos como os de hoje: era a ginástica rítmica, da qual Ala era a grande especialista.

Criadora do Ginastic Center, precursor das academias de ginástica contemporâneas, ela fazia um quadro de saúde e bem-estar no programa *TV Mulher*, com grande audiência na TV Globo. Era um programa matinal revolucionário, que no início da década de 1980 já tratava da emancipação da mulher e dos tabus femininos, com uma abertura muito marcante – a música "Sexo Frágil", de Rita Lee.

Além da Ala, o programa deu projeção a muitos outros profissionais, como Clodovil, costureiro que se reinventou como comunicador e depois teve seu próprio programa de TV, e a psicóloga Marta Suplicy, que se lançou no *TV Mulher* como sexóloga, apresentando por seis anos o quadro "Comportamento sexual", e se tornou tão popular que mais tarde foi eleita prefeita de São Paulo.

Ala gostou da ideia e fez a coreografia. Acabamos nos tornando muito amigos. Com a ajuda dela, trouxemos para o júri do Rio Branco os jornalistas Ney Gonçalves Dias e Marília Gabriela, apresentadores do *TV Mulher*, que estavam no auge da popularidade. Vieram ainda a atriz Maria Teresa Proença, mais conhecida como Maitê Proença, e Mário Prata, escritor e então autor de novelas da TV Globo.

Eu apresentava os shows no palco, encontrava patrocinadores e a gente vendia os ingressos. As roupas de ginástica eram doadas e os prêmios a gente conseguia de graça. Havia até joias, doações da Casa Castro, do amigo José Antônio de Castro Bernardes. Toda a renda da bilheteria coletada pelo grêmio estudantil ia integralmente para a creche Nelly Duarte. Fizemos um trabalho marcante para a nossa geração.

Nessa época, percebi que a promoção era um instrumento importante de comunicação: as empresas colaboravam. Naquela época não havia rede social, mas havia as colunas sociais. Para divulgar os eventos, íamos à redação dos jornais. A *Folha* tinha a coluna do Tavares de Miranda, escrita pela cunhada dele, dona Inah de Oliveira Ribeiro. Ela publicava fotos e textos enormes dos eventos do Rio Branco: dava destaque para as celebridades que a gente convidava e falava da *jeunesse dorée*, a juventude dourada da cidade.

Entrávamos também em outras colunas relevantes, como a do Giba 1, na *Folha da Tarde*, e a de Baby Garroux, no *Diário de S. Paulo*. Conseguimos tantos espaços nos jornais que ficamos famosos. Amaury Júnior, colunista que tinha vindo de São José do Rio Preto, queria entrar na sociedade paulistana e publicava no *Diário Popular*. Amaury propôs que colaborássemos com ele. Ele tinha um espaço nobre, a última página do jornal, na edição de domingo.

– Vocês são muito bons, não querem ter uma coluna aqui?

Com 16 anos de idade, eu, James, Raul, Paulinho e José Antônio de Castro Bernardes, meu amigo desde o Ofélia Fonseca, começamos a escrever a coluna, dentro da página do Amaury, chamada "Poder Jovem". Íamos às festas, fotografávamos as pessoas e escrevíamos. A gente precisava de muita notícia, que às vezes não tinha. Éramos tão loucos que na época inventamos os Cântaras, milionários mineiros que teriam se mudado para São Paulo, para colocar na coluna.

Nós nos baseamos na família do doutor Aloysio Faria, médico mineiro, filho de Clemente Faria, fundador do Banco da Lavoura, que tinha acabado de chegar à capital paulista. Para provocar os outros, especialmente os caras de quem a gente não gostava – os metidos, os "bacanas", que achavam que estavam fazendo sucesso –, a gente perguntava:

– E aí, você foi convidado para a festa do Caio Cântara?

– Não... Quem é?

– Ah, você não conhece? Puxa, o pai dele é um cara tão... Inclusive foi um grande curador de arte, gosta de livros... Como assim, você não foi convidado? Sábado, agora. Ali no Jardim Europa, um casarão... Os Cântaras.

Inventávamos festas para colocar as notas no jornal. Os anfitriões eram os três "C": Caio, Casimiro e Carlos Cântara. As meninas vinham dizer: "Mas não tem convite?".

Aí, um dia, o Amaury descobriu que a gente tinha inventado aquilo tudo e ficou muito bravo.

* * *

Na escola, podíamos até faltar na aula para organizar aqueles eventos. Ficamos amiguinhos da dona Carminha, secretária do diretor, Norton Astolfo Severo Batista. Estávamos tão prestigiados que passamos a ser convidados para o Interact, grupo de jovens com só três representantes, que tinham direito a participar dos almoços no Rotary Club, no colégio, às sextas-feiras.

A família Ermírio de Moraes, que contribuiu muito com o Rio Branco, também trouxe o Rotary para o Brasil, por meio da Fundação de Rotarianos de São Paulo. José Ermírio de Moraes, irmão mais velho de Antônio Ermírio de Moraes, do Grupo Votorantim, convidava sempre um palestrante, que falava nos almoços de sexta-feira para uma plateia de empresários.

Só tinha gente importante. Com 16 anos de idade, nós éramos metidos, e, para parecermos mais velhos, eu, o James e o José Antônio íamos aos almoços de paletó e gravata. Numa semana vinha o Guilherme Afif Domingos, em outra, o Roberto de Abreu Sodré, e assim por diante. Num desses almoços, em 1978, veio dar uma palestra o Alex Periscinoto, grande publicitário brasileiro da sua geração.

Diretor de arte brilhante, marceneiro nas horas de lazer – tinha mãos enormes e fazia patos de madeira na casa dele, na Rua Holanda –, no início da carreira foi cartazista do Mappin, então o maior magazine da cidade de São Paulo. José de Alcântara Machado convidou-o para trabalhar na Almap e depois fez dele sócio na agência. Tornou-se um dos maiores publicitários do Brasil de todos os tempos.

Àquela altura, já era um grande empreendedor criativo da publicidade brasileira. Nos anos 1960, conheceu as agências norte-americanas e trouxe para o Brasil de forma pioneira o modelo de duplas de criação. Até então, os redatores ficavam num ambiente criando títulos e textos, e depois mandavam os diretores de arte fazer a concepção gráfica do anúncio, em outro lugar.

Como diretor de arte, especialista em design, o Alex viu no mercado norte-americano o redator trabalhar junto com o diretor de arte. Com isso, revolucionou a publicidade brasileira. Por essa e outras coisas, tinha um papel fundamental no mercado. Ele me inspirou e, sem que eu ainda soubesse naquela época, acabaria sendo meu padrinho na profissão.

Eu nem pensava ainda em faculdade, mas fiquei fascinado pelo que ele falava. Estimulava a gente a fazer filmes publicitários institucionais, em campanhas do terceiro setor, falando não de produtos, mas de iniciativas. Foi o embrião que desenvolvemos depois, abrindo uma nova era na publicidade brasileira. Foi o Alex, por exemplo, que fez para dona Jô Clemente a criação da campanha da Feira da Bondade, que se tornou a principal fonte de arrecadação da Associação de Pais e Amigos dos Excepcionais (Apae).

Fiquei vidrado no Alex e passei a ir sempre às palestras que ele fazia. Um dia, na Fundação Getulio Vargas, saí junto e fui embora de carona no Santana dele, para conversar e dizer que eu queria trabalhar com ele.

– Vai chegar a hora – ele me disse.

Eu não imaginava que, oito anos depois, seríamos sócios.

* * *

Eu frequentava a casa de Raul Doria, com quem escrevia para a coluna do *Diário Popular*; foi ele que me ajudou a descobrir a publicidade como indústria. Conheci o pai de Raul, João Doria, baiano, que primeiro trabalhou como redator na Standard, uma grande agência multinacional ligada ao Grupo Ogilvy, liderada por Cícero Leuenroth – publicitário muito famoso nos anos 1950. Depois ele montou sua própria agência, a Doria & Associados, marcante nos anos 1950 e 1960: foi Doria quem trouxe para o Brasil o Dia dos Namorados, inspirado no Valentine's Day dos Estados Unidos, para criar um dia de vendas num período de baixa do comércio.

Convivendo com ele e o Raul, descobri a mídia como negócio, como algo profissional. Conversávamos, e o velho João Doria dizia:

– Você vai ser publicitário.

João Doria acabou perdendo a agência por circunstâncias que não eram do negócio. Entrou na política, ligado aos democratas cristãos, com Franco Montoro, Ulysses Guimarães, Plínio de Arruda Sampaio, e foi eleito deputado federal pela Bahia, numa campanha em que usou muito sua experiência de marketing, com um *jingle* de Elizeth Cardoso – célebre cantora do rádio na época, chamada de "A Divina". Por sua atuação como deputado, em 1964 foi cassado pelo regime militar e exilou-se. Nesse período, a agência, que era ele, acabou. Ao voltar do exílio, em 1977, foi pioneiro ao trazer para o Brasil o Método Mind Power, que conheceu quando estudava Psicologia na Sorbonne, em Paris.

Abriu um instituto na Rua Groenlândia, onde oferecia cursos para o desenvolvimento da mente, de muito sucesso. Eu assistia às palestras dele, em que vendia a ideia do controle da mente; era um homem extremamente carismático, craque na comunicação. Com João Doria, entendi que, se você está preparado, muito consciente de uma tese que estudou, pode passar uma ideia de forma muito concreta para a mente das pessoas. Essa habilidade me cativou. Esse é um dos fundamentos da publicidade: você precisa estar convencido de que o que vende é bom, e para estar convencido tem de ser bom.

Sempre me encantaram o texto e a capacidade de articulação. João Doria escrevia muito bem – algo que os filhos dele também fazem. Ele me contava muitas histórias da publicidade e me corrigia. No jornal, por exemplo, eu escrevia "reclame" e ele dizia:

– Não fale "reclame"! É "comercial".

Conheci melhor nessa época também seu filho mais velho, irmão de Raul, João Doria Júnior, que me explicou como a TV Tupi funcionava e como era fazer comercial para a televisão. O pai de James Rubio, jornalista, também me contava muitas histórias. Comecei a me apaixonar ainda mais pelo mundo da mídia. E logo apareceu trabalho.

* * *

Em 1978, quando eu ainda tinha 16 anos, Raul Doria pediu que eu escrevesse para ele *cases* a serem inscritos no Top de Marketing, prêmio promovido pela Associação dos Dirigentes de Vendas e Marketing do Brasil (ADVB). As inscrições eram feitas pela Nova Agência, de Nelson

Biondi, que atendia muitos governos e contratou Raul para aquela tarefa. Raul, por sua vez, me subcontratava – eu, que era o *nerd* e sempre andava muito duro: como caçula, a sobra da família, meu pai não me dava mesada.

Escrevi o *case* dos amigos do Juca Pixaba, uma campanha de arrecadação fiscal do estado do Espírito Santo. Ganhei um dinheirinho. Mais: descobri que aquilo podia ser uma profissão.

Raul sempre fez tudo muito cedo: com 15 anos de idade, abriu a Proservice, uma empresa que funcionava em uma sala livre do Instituto Mind Power, do pai dele, na Rua Groenlândia. Fui trabalhar com ele. Na Proservice, Raul já tinha outros clientes além da Nova Agência. Armando Ferrentini, grande editor de publicidade, dono do *Asteriscos*, que depois viraria o *Caderno de Propaganda e Marketing* e por fim passou a se chamar *Propmark*, fazia os eventos do Prêmio Colunistas do Ano. Pela Proservice, Raul o ajudava nos eventos, e eu ajudava o Raul.

Íamos muito à redação do *Diário Popular*, onde era feito o *Asteriscos*, que circulava encartado no jornal. Ele ficava na esquina da Major Quedinho, no mesmo prédio onde era o Estadão, que tinha se mudado para o prédio da gráfica, na Marginal do Tietê. Eu conversava muito com o Armando Ferrentini e comecei a ler o caderno *Asteriscos* e o *Meio & Mensagem*, do Salles Neto, outro veículo muito importante do *trade*.

Além de Alex Periscinoto e de José de Alcântara Machado, da Almap, descobri que havia outros grandes talentos no meio: Petrônio Corrêa, dono da MPM; Geraldo Alonso, da Norton; Mauro Salles e Luiz Salles, da Salles; Julio Ribeiro, da MPM-Casabranca, entre outros. Comecei a acompanhar a carreira desses grandes publicitários e a entender melhor o que era a indústria de publicidade.

Publicidade é gente. Naquele tempo, foram esses talentos empreendedores que abriram caminho para as futuras gerações; organizaram a indústria, para que nós pudéssemos depois trabalhar nela de forma organizada e próspera.

Contribuíram muito para isso os donos dos veículos de comunicação, que desenvolveram o negócio, permitindo a expansão também da publicidade: Roberto Marinho, com Walter Clark e José Bonifácio Sobrinho, o Boni, no Grupo Globo; Paulo Machado de Carvalho, com a equipe da TV Record; Antônio Augusto Machado de Carvalho, o Tuta, que reinventou a Rádio Panamericana, criando a Jovem Pan; a família Mesquita, do

Estadão; os Civitas, da Editora Abril; os Frias, da *Folha de S. Paulo*; os Saads, da TV Bandeirantes; Silvio Santos, do SBT; Adolpho Bloch, da revista e TV Manchete; e os empresários de *outdoor*, como o Carlos Alberto Nanô, da Espaço Propaganda e da Nanograf.

Na época, as campanhas publicitárias eram na TV aberta, rádio, jornal, revista e mídia exterior. Não tínhamos ainda TV a cabo, *streaming*, nem internet com as redes sociais e os portais. Brinco que era uma comunicação com tempo diferido, ou seja, havia uma distância entre a elaboração da campanha, em que você podia perguntar, perguntar, perguntar, e a sua publicação. Você só ia medir o resultado da campanha também lá na frente.

Já existia a ABA-ABPMC, classificação sociodemográfica utilizada nas pesquisas, que segmentava as classes sociais. A Editora Abril foi muito importante na formação de comunidades: segmentou o público ao fazer revistas consideradas masculinas, como *Playboy* e *Quatro Rodas*; *Claudia*, que abriu o universo feminino, e *Nova*, num segmento mais jovem, voltada para a mulher independente e profissional; a *Exame* falava com a comunidade de negócios.

A Abril lançou ainda *Realidade*, uma revista profunda de reportagens voltada para um público que queria mergulhar mais na leitura, um bom laboratório de experiências para fazer mais tarde a *Veja*. Revista semanal de informação, era o único veículo de comunicação impresso de distribuição nacional, enquanto os jornais eram locais. A Abril teve muita coragem – notadamente Roberto Civita, com o apoio do pai, Victor, e do irmão, Richard. Os Civitas ficaram de 1968 a 1975 investindo dinheiro para firmar a *Veja* como uma *Time* brasileira, tornando-a a quarta maior revista semanal do mundo.

Claro que já existia a preocupação com a segmentação, mas nós vivíamos ainda a era do marketing da conquista. Tudo era novo, então quem chegava primeiro ganhava o mercado. A propaganda começou a crescer no Brasil a partir dos anos 1950, no governo do presidente Juscelino Kubitschek, cujo lema era fazer o Brasil crescer "50 anos em 5", e deu impulso à industrialização. Juscelino trouxe para o país as indústrias automotiva, de linha branca e de televisores. Era preciso fazer propaganda para vender geladeira, máquina de lavar, televisão.

Até então, as maiores agências do Brasil eram multinacionais: a J. Walter Thompson, agência mais antiga do mundo, e a McCann Erickson. O impulso da industrialização estimulou o surgimento de agências nacionais. A partir dos anos 1950, Luiz Macedo, Petrônio Correa e Antônio Mafuz criaram a MPM; José e Caio Alcântara Machado abriram a Almap, da qual Alex Periscinoto se tornou sócio; em 1965 e 1966, os irmãos Mauro e Luiz Salles criaram a Salles Propaganda; Geraldo Alonso, a Norton; Julio Ribeiro e Sergio Graciotti, a Casabranca. Aí começou o grande *boom* das agências nacionais.

Mais do que crescer junto com o mercado, essa geração trabalhou para organizar a publicidade brasileira. Em 1966, eles conseguiram fazer aprovar, no Congresso Nacional, a Lei nº 4.680, que regulamentou a atividade profissional do publicitário e estabeleceu a comissão de 20% sobre a veiculação e 15% sobre a produção de anúncios.

Ao equalizar os componentes econômicos da negociação das empresas com as agências e os veículos, abriram caminho para a governança do setor e impediram a concorrência predatória. Mais: com o estabelecimento do modelo de remuneração, tanto para as agências quanto para os veículos, o que passou a fazer a diferença na propaganda foi a capacidade criativa. Esse modelo permitia às agências remunerar bem e atrair talentos, que passaram a ser a diferença na concorrência. Prevaleceu a meritocracia.

Esse *boom* se deveu não apenas a esses pioneiros da publicidade, como também aos "capitães da mídia", que pelo seu lado eram a contrapartida para fazer funcionar esse modelo de negócios e de remuneração das agências. Os empreendedores dos veículos de comunicação, do rádio à TV, dos jornais às revistas, também foram importantes nessa implantação – sem eles, a publicidade não teria como remunerar bem e atrair talentos, não teria se tornado uma grande indústria, não teria havido o mesmo sucesso.

Eles prestigiavam o mercado. Globo e Boni fizeram acontecer a propaganda em filme com essa qualidade que temos na televisão. Roberto Civita criou o Prêmio Abril, que, além do trabalho jornalístico, premiava também a publicidade. Tinha o hábito de contar quantas páginas de anúncio havia nas suas revistas. Era um *publisher,* no sentido pleno da palavra: cuidava do editorial e também da publicidade, que adorava e que, para ele, fazia parte do conteúdo. Mais tarde, em 2009, chegou a me convidar para ser presidente da Editora Abril, num jantar na casa dele.

A propaganda só cresceu porque nesse período a mídia cresceu junto, sobretudo pela expansão dos veículos impressos, por meio da Editora Abril, e dada a explosão da televisão. No começo da década de 1970, havia 4,5 milhões de televisores no Brasil. No final dessa década, depois da chegada da TV em cores, em 1973, eram 16,7 milhões de aparelhos.

Antes, nos anos 1950-1960, a TV era incipiente, muito confusa e sem qualidade. Havia os comerciais com suas estrelas, como Vida Alves, a mais célebre garota-propaganda do seu tempo, mas os departamentos comerciais das emissoras vendiam espaço e não cumpriam os compromissos: comerciais contratados muitas vezes eram colocados ou tirados na hora, a critério da emissora.

Por meio de um acordo com a Time Life, Walter Clark, ao lado de Joe Wallach, organizou dentro da TV Globo toda a sua área comercial. Criou o conceito de rede com o *Jornal Nacional* em 1969, mantendo dentro do intervalo comercial um espaço reservado também para a publicidade local das afiliadas. A TV Globo começou a catequizar o mercado, enobrecendo o produto publicitário: o intervalo passou a ser valorizado, assim como o anúncio de jornal e de revista e o *jingle* de rádio.

Muito por serem lideradas pela Globo, ou por terem de acompanhá-la, as outras emissoras também se organizaram. Com o início das transmissões ao vivo, começava a acabar a era do *videotape* – a fita que viajava de avião com a novela, a reportagem de TV ou os shows, que passavam um dia depois em outros estados. Boni foi outro grande líder: planejou toda a grade de programação da Globo e definiu o célebre "padrão Globo" de qualidade.

A rede de televisão e a TV em cores, a partir de 1973, permitiram uma explosão do mercado publicitário e da qualidade da propaganda brasileira. A TV Globo tornou-se uma emissora que se podia comparar com as melhores do mundo, como a ABC e a NBC e a CBS, nos Estados Unidos. *Veja* era uma revista da mesma qualidade da *Time* norte-americana. O *Estadão* podia ser equiparado ao *Washington Post* ou ao *New York Times*. Rádios como a Jovem Pan, a Globo ou a Band também eram de primeira linha.

Antes não tínhamos uma economia com escala tão pujante; conseguimos desenvolvê-la, e muito, porque esses empresários de comunicação – tanto das agências de publicidade como dos veículos – organizaram a indústria e abriram a avenida. O trabalho nas décadas de 1960 e 1970 fortaleceu os veículos de mídia, que alcançavam tanto o grande público como audiências segmentadas, na TV como no rádio e na mídia impressa. Isso permitiu também que a publicidade atingisse seu público-alvo com mais eficiência.

Como resultado da expansão da indústria de bens de consumo e da organização do mercado da comunicação, a publicidade criativa floresceu. Vieram Roberto Duailibi, Francesc Petit e José Zaragoza, criadores da DPZ, em 1968, em São Paulo; Armando Strozenberg e Mauro Matos, da Contemporânea; no Rio de Janeiro, Roberto Medina, com a Artplan. Alguns deles eram ex-funcionários de multinacionais, que se arriscavam a sair do emprego para abrir o negócio próprio, como Caio Domingues, ex-redator da J. Walter Thompson, que abriu sua própria agência, a Caio, também no Rio, com muito sucesso.

Foram agências que cresceram muito e marcaram época no Brasil. A indústria da comunicação sofisticou-se. Os talentos foram integrados *under the same roof*: atendimento, planejamento, criação, mídia, todos trabalhando juntos. A propaganda brasileira ganhou asas e se tornou uma das mais criativas e premiadas em Cannes, o grande festival internacional do mercado. Graças aos empreendedores dessa segunda geração, junto com os veículos de comunicação, tornou-se uma indústria de Primeiro Mundo dentro de um país de "Terceiro Mundo" – como se chamavam os países de economia em desenvolvimento na segunda metade do século passado, chamados hoje de "emergentes".

Essa geração, que deve muito a abertura do caminho à geração anterior, é simbolizada pela figura de Washington Olivetto, que começou a carreira na DPZ e, por sua vez, abriu caminho para uma onda de criativos liderarem suas próprias agências, a partir da década de 1980. É dela que faço parte, e esse ciclo ainda estava em gestação, naquele tempo em que eu, lendo o *Asteriscos* e o *Meio & Mensagem*, apenas começava a entender como a propaganda funcionava.

* * *

Eu já escrevia e convivia muito com jornal, imprensa, comunicação, mas ainda não sabia que era um negócio. Nunca pensei em ser jornalista, nem na publicidade como profissão. Falava bem, escrevia bem, podia usar isso e gostava de defender causas. Então pensei: vou ser advogado. Na minha família, mesmo quatrocentona, nunca houve. Prestei vestibular para Direito na PUC, no Mackenzie e na Faculdade do Largo São Francisco, da USP. Entrei em todas na primeira lista, mas escolhi estudar na São Francisco.

A escola foi muito marcante. Entre 1980 e 1984, vivi a efervescência democrática daquela época; era o momento em que a minha geração estava se preparando para votar pela primeira vez em governador, deputado estadual e federal, embora ainda não houvesse eleição direta para presidente. A São Francisco era muito visitada pelos políticos: foram lá o senador Franco Montoro, candidato ao governo de São Paulo, em 1982; Leonel Brizola, que ao voltar do exílio fundou o PDT; José Dirceu e Lula, então líder sindical e também candidato ao governo estadual, ambos do PT.

Eu tinha interesse em política. Participava de um grupo de centro-esquerda na faculdade, chamado Ação Comum. Fui convidado para ser primeiro-secretário do Centro Acadêmico XI de Agosto, mas não aceitei. Tinha dúvida quanto a seguir ou não a carreira do direito. Não sabia ainda que meu negócio era comunicação, nem que a comunicação podia ser também uma defesa de causas.

Só bem mais tarde percebi melhor a relação entre o direito, a defesa da causa – o *advocacy* – e a publicidade como defesa de uma marca, de um ponto de vista ou do bem comum. Isso está em mim. Por isso eu gostava das palestras de Alex Periscinoto, no Rio Branco, em que ele, falando de publicidade, dizia que era preciso defender causas, e não apenas um produto. Eu ajo dessa forma naturalmente; mais tarde, isso me levou também ao trabalho institucional e político.

Naquele tempo, porém, eu queria primeiro me achar em algum ofício. Fazia o curso pela manhã e estagiava à tarde. Entramos, eu e James Rubio, num escritório de advocacia comercial, Carlos Ferraz, que descobrimos na faculdade. Ficava na Avenida Paulista, em frente à casa Sloper, famosa loja de departamentos da época. O principal cliente de Carlos Ferraz era a Esca, empresa contratada pelo Ministério da Aeronáutica para criar o sistema de controle do tráfego aéreo do território brasileiro.

Líamos muito contrato; gostei de estagiar nesse escritório, do direito comercial e do Carlos Ferraz, que nos colocava nas reuniões, nos dava muita oportunidade. Porém, parte do escritório fazia contencioso civil: processos de família, herança, divórcio. Por conta disso eu frequentava o Fórum – e aí, não gostava, achava tudo muito lento, burocrático. E continuava com aquela centelha da publicidade, que vinha despertando em mim desde o colégio.

Em 1981, depois de um ano de Carlos Ferraz, eu decidi parar de estagiar. Podia ser feliz ali, mas cedi ao fato de que seria mais feliz ainda trabalhando na área de comunicação. Além disso, vi que daquele jeito iria demorar para ganhar dinheiro. Tinha pressa, porque vivia duro. Queria comprar um carro. Bem naquele momento apareceu uma oportunidade.

* * *

Eu tinha uma boa relação com a Ala Szerman, desde quando nós, os garotos metidos, a convidamos para fazer a coreografia dos espetáculos do Rio Branco. Em 1981, Ala me convidou para trabalhar com ela, num momento em que crescia muito. Com o estrondoso sucesso dela no *TV Mulher*, o Ginastic Center, dirigido por seu marido, Joaquin Cires, tinha virado uma febre. Russa de nascimento, ela era uma personalidade, das que viravam capa da *Veja São Paulo*, a Vejinha, então no seu auge – naquele tempo, era o prestígio máximo.

– Me ajude a fazer o programa na TV e o jornal do Ginastic Center – ela disse. – Venda os anúncios do jornal, o patrocínio dentro dos institutos, marqueteie o meu negócio, por favor.

Eu fazia faculdade de manhã e passei a trabalhar à tarde, vendendo os anúncios. Ia à Rua das Palmeiras, onde a Globo tinha um estúdio, ver a gravação do programa. A gente convivia com o Boni, a Marília Gabriela e toda a equipe do *TV Mulher*.

O Ginastic Center, que começou na Rua Teodoro Sampaio, em Pinheiros, fervia. Já havia cinco institutos somente em São Paulo. Eles eram inaugurados pela primeira-dama do estado de São Paulo e, claro, o governador ia junto.

Era um fenômeno. Em São Paulo, o Ginastic Center era o lugar da moda, o mais frequentado pela elite paulistana, as personalidades mais famosas e as modelos mais bonitas – o *point* da cidade, como se falava.

Não se chamava academia: era instituto, porque pretendia ser o serviço completo, com a loja dos produtos Ala Szerman, uma linha estética completa, cuja produção era terceirizada, e um salão de beleza. O salão de cabeleireiro do Ginastic Center era um desfile das mulheres mais bonitas do Brasil, como Rose di Primo, modelo mais famosa da época, que virou símbolo sexual por causa de um comercial de TV, do iogurte Vigor. Tinha feito muito barulho, porque as feministas acharam o filme indecente: a voz de fundo pedia que ela ("atriz, maneca, carioca") abrisse a boca "para mostrar que era inteligente". Ela abria para comer iogurte, numa colherada, e caía um pingo no colo ("faz bem até para os olhos", era o final). O filme foi um sucesso, e por causa daquele pingo a Rose di Primo acabou indo parar na capa da revista *Playboy*.

Levei James para trabalhar comigo, e no Ginastic Center vendia espaço publicitário nas lojas para marcas de cosméticos. Brinquei também de *publisher*: editava o jornal e vendia publicidade. Tinha uma coluna e convidava jornalistas para escrever. Com uma tiragem de 10 mil exemplares, o jornal do Ginastic Center era distribuído gratuitamente nas lojas e nas casas dos clientes pelo nosso *mailing*.

A gente fazia pacotes em que os produtos anunciados no jornal entravam nas ações de merchandising, dentro dos institutos e no programa de TV. Eu só tinha 19 anos, mas aí já comecei a desenvolver estratégia comercial e de conteúdo para as marcas; aprendi muito com Ala e Joaquin.

Ala era uma mulher midiática, orientada a negócios. Sobrevivente de um campo de concentração na Segunda Guerra Mundial, tinha uma energia inacreditável. Era uma empreendedora muito ousada. Sempre foi ginasta, mas foi muito além da ginástica. Viu Jane Fonda, filha do ator Henry Fonda e também atriz consagrada, dar início à onda da ginástica nos Estados Unidos e trouxe o conceito para o Brasil. Ala conectava a estética, a nutrição e a saúde, no sentido geral do bem-estar. Dessa forma, numa época em que apenas se começava a pensar nisso, a ginástica rítmica entrou na moda, como são hoje as *body techs*. Era craque.

O Ginastic Center foi muito importante para mim. Eu adorava trabalhar com marketing e comunicação. Ali eu me sentia empreendedor. Desenvolvi a minha veia comercial, a capacidade de formar *networking* – algo que a Ala possuía – e vontade de fazer, porque eu me sentia *publisher* do jornal e o cara comercial dos institutos. Tinha a confiança dos donos do Ginastic Center e autoconfiança. Recebia um salário fixo por mês e um variável, conforme os resultados. Ganhei dinheiro e realizei o sonho de comprar o meu primeiro carro, uma Brasília usada e meio enferrujada.

Uma porta abre outra, e, quando tudo ia tão bem, apareceu uma segunda oportunidade, vinda de um cliente que eu havia conquistado no Ginastic Center: a Frankel.

* * *

Naquela época, a Frankel era a maior indústria de joias do Brasil. Seu principal produto eram as alianças de casamento. Rute Frankel, esposa do Sérgio Frankel, queria criar uma categoria de joias para gente AAA, o mesmo público do Ginastic Center. Entrou em contato comigo e criei uma série de ideias para eles, como clientes do Instituto.

No fim, gostaram tanto do trabalho que Sérgio e seu irmão Rui Frankel me convidaram para ser gerente de marketing da empresa.

– Mas eu tenho só 19 anos – ponderei. – Estudo de manhã, não posso, não dá.

– Pule para a noite e venha trabalhar aqui.

Na Frankel, eu cuidaria de todo o calendário promocional, da comunicação e da relação com os lojistas, para fazer a ativação das vendas. Fui falar com Joaquin, no Ginastic Center. Disse que o Frankel queria que eu fosse diretor e ia me pagar o dobro. Perguntei o que ele achava.

– Vai – ele disse.

– Mas eu não estou pronto.

– Vai – disse o Joaquin. – Não se preocupe, aquilo é uma indústria. Tem um *gap* enorme entre a indústria e as lojas. Eles precisam de ativação, de *trade marketing*, você estuda isso.

Estudava mesmo, tudo, embora o trabalho naquele tempo ainda fosse bem mais intuitivo.

O que eu fiz? Aceitei. Mudei a faculdade para a noite. Fiquei um ano na Frankel, que funcionava em uma megafábrica, na Barra Funda, ao lado da TV Cultura, perto da Marginal do Tietê, em São Paulo.

Eu era funcionário, mas atuava como um empreendedor. Na Frankel, criei tudo: as convenções de venda, para colocar juntos os gerentes das lojas; a comunicação com as lojas; e comecei a fazer publicidade.

Para mim, a publicidade faz parte do desenvolvimento do negócio. É emulação. Entender o conceito de um produto e o mercado é essencial para a comunicação; às vezes, ela mostra quando a marca e o próprio produto estão no caminho certo ou não – ambos evoluem juntos.

Comecei a ver isso na prática durante a minha experiência com a Ala Szerman, dentro da onda de saúde e bem-estar – *well being,* como dizem os americanos – que ela liderou de forma pioneira. O que Jane Fonda foi nos Estados Unidos, Ala Szerman foi no Brasil, como mulher midiática e empreendedora intuitiva que ela era. Aprendi também muito com Rui e Sérgio Frankel. Com eles eu fui para além da academia de ginástica, que é um serviço: entrei na área de produto – no caso, a joia –, que é muito mais difícil.

Ajudei na criação da identidade da marca, no posicionamento, e visitava as lojas. Sempre tive muita coragem de me jogar, era meio autodidata. Fazia curso de *branding*, expressão que nem existia na época: estudava como construir a identidade e posicionar uma marca. Havia muito conhecimento ainda intuitivo, como o Mind Power.

Estamos agora vivendo uma época em que os dados trazem muitos *insights*, mas por trás da inteligência artificial ainda tem o elemento humano. É nossa a mágica criativa, o poder da grande ideia, ainda o alicerce principal não só da publicidade como de toda a comunicação. É nossa também a intuição empreendedora, que vi na Ala Szerman e vi também nos Frankels.

A carreira me permitiu conviver com grandes empreendedores. Eles sempre tiveram na intuição um grande diferencial – uma forma de se antecipar à tendência, de criar o que ainda não existe. A intuição pode crescer a partir da base de dados que temos hoje. O que não pode acontecer é você se fechar nessa base e nas referências do computador e da inteligência artificial.

O empreendedor detecta, percebe antes, do mesmo jeito que Edson Arantes do Nascimento, falando dele mesmo, naquele gol da Copa do Mundo de 1970, considerado por muitos o mais bonito de todas as Copas, me dizia: "Não sei explicar, mas o Pelé enxerga atrás das costas. Eu vejo o Carlos Alberto Torres vindo e solto naturalmente a bola".

Foi também essa força intuitiva, empírica, que moveu a Ala Szerman a criar a onda de saúde, estética, beleza e bem-estar no Brasil, antecipando-se a qualquer outro empreendedor, e criou uma febre nos seus institutos. É também intuitiva a fonte de inspiração de Luiz Seabra, quando criou a linha Chronos, o creme antissinais da Natura, sempre buscando na mitologia grega os nomes para as submarcas que criava. Começou na Rua Oscar Freire, mexendo nas fórmulas, vendendo cosméticos no balcão, e assim construiu a Natura, uma empresa mundial, com o Guilherme Leal e o Pedro Passos.

Além deles, atendi outros grandes empreendedores: os irmãos Joesley e Wesley Batista, da JBS; o Nelson Schincariol, da Schincariol; e o Rubens

Ometto, na Esso e depois quando ele se associou à Shell, na Raízen. Eu acho isso extraordinário: como um usineiro como o Ometto, já bem-sucedido, resolve investir em distribuição de combustível, óleo e gás, além de logística? Como os irmãos Batista, donos de um frigorífico, um negócio com margem estreita, fazem uma casa de marcas como Seara, Swift e Friboi, compram frigoríficos em cinco continentes e se consolidam como uma das maiores indústrias de alimentos do mundo? Uma reunião com eles vale muito como aprendizado.

A publicidade me abriu as portas para isso. E aprendi muito com a própria publicidade. As palavras têm poder. A comunicação ajudou a construir e dar tangibilidade às ideias intangíveis desses empreendedores maravilhosos. É também uma força intuitiva poderosa que comecei a aplicar, sem imaginar aonde ela ainda me levaria.

* * *

Quando comecei, a Frankel quase não fazia comunicação. Era uma indústria que lançava muitas joias, principalmente alianças. Era o marketing da conquista: como tudo era novidade, o que você punha para vender, vendia.

Vivemos até o início da década de 1980 a onda da *Unique Selling Proposition*. Quando a Gradiente lançava um videocassete de quatro cabeças, o concorrente demorava um ano para fazer algo igual. As pessoas compravam o aparelho de quatro cabeças, porque a fita ia e voltava mais rápido e gravar demorava menos. E só tinha aquele para comprar.

Havia negócios, é verdade, em que se tinha de implantar o hábito. Era o caso da revista *Veja*. A Editora Abril investiu sete anos na revista, porque não existia o costume de ler uma revista semanal. Ela não tinha concorrentes. A concorrência era apenas a ignorância: as pessoas não sabiam quanto aquilo era importante. Porém, era algo novo. Depois, vendia como pão fresco. Sozinha, a *Veja* respondia por metade do faturamento de toda a Editora Abril.

Quem tinha algo diferente dominava o mercado. Assim a Frankel cresceu. A pegada do negócio era puramente emocional: a aliança, aquilo que ela representa, o elo do casamento, a atração afetiva da festa. Com o tempo, no entanto, começou a concorrência e eles passaram a ter mais dificuldade para vender. O próprio negócio estava mudando, conforme os costumes. O divórcio ficou legalmente mais fácil; aquilo mudava o comportamento. Havia *Malu Mulher*, série com a atriz Regina Duarte, interpretando uma mulher independente, que fazia muito sucesso na TV; "Começar de novo", música de Ivan Lins, falando sobre as separações, tocava nas rádios. Menos gente casada usava aliança.

Os Frankels precisavam de comunicação. O objetivo era sair da aliança para trabalhar outros produtos na linha do amor, dos presentes, da celebração da vida, bem como as datas nacionais: o Dia dos Namorados, o Dia das Mães, o Natal. Tínhamos de criar o momento de presentear com Frankel, não só para aumentar as vendas, mas para melhorar o seu valor. Para complicar, era uma época de muita inflação; então tínhamos de parcelar o pagamento, de forma a fazer aquele sonho caber no bolso das pessoas.

Entre as minhas diversas ideias, fui visitar João Doria Júnior, porque ele, aos 25 anos, tinha virado presidente da Paulistur, a agência de turismo da Prefeitura de São Paulo. Tinha sido indicado ao posto pelo governador Franco Montoro, amigo do pai dele. Em razão do pacote de abril de 1977 do regime militar, os prefeitos das grandes cidades eram escolhidos pelos governadores. Montoro colocou João na prefeitura, antes mesmo da posse de Mário Covas, que ele fez prefeito; Covas ainda não conhecia bem o João.

Eu queria convencer o João a comprar um *pin* de ouro, desses de prender na lapela do paletó, para a Paulistur.

– Você pode fazer um milhão de *pins* – sugeri. – E distribuir para todo mundo.

Como amigo íntimo de Raul, irmão dele, eu convivia muito com o João. Ele tinha ajudado muito a gente – foi João quem levou Maitê Proença como jurada do Miss Rio Branco; e fomos à posse dele, na Paulistur. Ele gostou muito da ideia do *pin*. Porém, queria outra coisa.

– Eu não sei se vou comprar – ele disse. – Mas você vem trabalhar aqui.

– Não posso – eu disse. – Na Frankel, estou ganhando bem pra c....

– Eu te ponho como gerente de marketing.

Eu gostava muito de trabalhar na Frankel, mas era uma indústria. O João estava colocando juventude na Paulistur. A empresa, apesar de ser da prefeitura, não tinha orçamento. Buscava recursos, fazendo parcerias com a iniciativa privada. Esse era o trabalho.

Mesmo sendo para ganhar menos, decidi mudar. Eu tinha 21 anos, era solteiro, ainda morava com meus pais, no Pacaembu, não gastava nada com moradia e alimentação. Vi a possibilidade de investir em mim mesmo e de crescer muito em uma experiência como aquela. Iria conviver com uma turma jovem, antenada, que estava fazendo a diferença no lazer e no turismo da cidade de São Paulo. Eu já gostava muito do João, admirava a competência dele no trabalho, e tinha uma razão política.

* * *

Em 1983, vivíamos um período muito importante, que foi o processo de redemocratização do Brasil. O governador Montoro, recém-eleito numa votação histórica, que colocou no governo de São Paulo um político de oposição, começou em março; Mário Covas, que ele indicou para ser o prefeito da capital, era alguém que admirávamos. Havia no grupo da Paulistur uma aspiração política, maior do que o interesse pelo dinheiro, porque ali a gente ganhava mal. Eu queria estar casado com um movimento político para o Brasil a que eu aspirava, porque tinha votado no Montoro, gostava dele e do Covas, assim como do João.

Fui para o Anhembi, onde ficava a Paulistur. Primeiro, João me colocou na assessoria de comunicação social, liderada pelo jornalista Luiz Carlos Franco. Fiquei três meses numa salinha, ao lado das jornalistas Ana Regina Bicudo, Norma Alcântara e Alda Martinelli. Quando João se desentendeu com o chefe de gabinete, fiquei um período nessa função, mais para entender como ele trabalhava do que para ficar ali em definitivo. Quatro meses depois que entrei na Paulistur, o diretor de marketing saiu, e enfim assumi essa área.

Foi uma maravilha. Com a experiência adquirida na Tupi, João já era um craque, um tremendo líder: todo mundo que trabalha com ele sai melhor, lá na frente. Ele montou um grande time. Tinha o José Roberto Maluf, que antes era vice-presidente da TV Bandeirantes e, aos 37 anos, já era uma lenda da comunicação, e o Celso Grellet, vice-presidente financeiro, que na época foi, como diretor do São Paulo Futebol Clube, um dos criadores do Clube dos Treze, uma organização dos maiores times de futebol do país, para defender seus interesses econômicos, principalmente negociar cotas de patrocínio com a TV.

Outro colaborador importante que João levou para a Paulistur foi Edson Dezen, produtor cultural, amigo íntimo de artistas como Elis Regina, Ney Matogrosso e Milton Nascimento. Todos os grandes shows eram no Anhembi. Então, os artistas faziam qualquer coisa pelo Dezen, que dominava toda a área cultural.

João conseguiu inovar muito na comunicação pública. Criou na Paulistur dois conselhos, o de lazer e o de turismo, para os quais só levou outros craques, como o publicitário Washington Olivetto, o empresário de eventos José Victor Oliva e a estilista Glorinha Kalil.

Estavam ainda nos conselhos o cartola de futebol Adilson Monteiro Alves e o jogador Sócrates, ambos do Corinthians; o jornalista Thomaz Souto Corrêa, vice-presidente da Editora Abril, responsável pelas revistas segmentadas; e o Antonio Maschio, dono do restaurante Spazio Pirandello, na Rua Augusta, que frequentávamos toda noite. Passei a conviver com todas essas pessoas, que, além de dar boas ideias, atraíam gente importante e a atenção da mídia para tudo que fazíamos.

Conseguimos aproximar o poder público da iniciativa privada e viabilizar uma série de atividades de lazer e turismo na cidade de São Paulo, com uma visão de marketing. A agência que nos atendeu na Paulistur era a DPZ, que João conseguiu como uma grande ajuda, porque não tínhamos verba. Éramos atendidos pelo Jorge Cintra; da mídia, eram Daniel Barbará e Flávio Resende; da criação, o Washington Olivetto.

Eu conhecia o Washington Olivetto dos conselhos de turismo e lazer, e, quando ele passou a fazer as campanhas da Paulistur, nos aproximamos. Redator brilhante, começou muito cedo, em 1969. Em 1983, eu tinha 21 anos e ele 32, ainda muito jovem e já uma figura pública – o *golden boy* da propaganda.

Olivetto era sempre muito inventivo, muito rápido, muito trabalhador e muito sedutor. Tinha um dinamismo e uma boa vontade únicos. Naquela época do telefone fixo, eu ligava, explicava o que precisava e na mesma chamada ele criava os roteiros. Quando não tinha a ideia no mesmo instante, ele pedia um minuto e me ligava de volta em seguida, com tudo pronto.

Era um homem urbano, muito ligado a São Paulo, e tinha o pulso do consumidor na mão. Criava títulos simplesmente brilhantes. Falava: "Vou fazer um anúncio saia e blusa", isto é, com título e imagem, para jornal e revista, que eram mídias importantíssimas. Criava também comerciais de televisão, que se tornaram antológicos. Estava no centro de uma era realmente de ouro da publicidade.

Eu fazia as reuniões com a agência, para negociar descontos especiais que os veículos concediam à Paulistur. Assim fiz uma rede de conexões com os diretores comerciais dos veículos: Octávio Florisbal, da Globo; Ricardo Scalamandré, do SBT; Johnny Saad, da Band; Alfredo Machado de Carvalho, da Record; Orlando Marques, da Editora Abril; Júlio César Ferreira, do *Estadão*; Luís Frias e Antônio Carlos Moura, da *Folha de S.Paulo*.

Para mim, a Paulistur foi fundamental, por promover meu amadurecimento e pelas conexões que fiz. Ela me trouxe o convívio com as lideranças de São Paulo, na moda, na noite, nos negócios. Foi um *networking* e tanto, que me abriu muitas portas, também com anunciantes e agências.

* * *

Eu sempre me relacionei bem com as pessoas, primeiro porque gosto de gente, genuinamente; é uma característica, algo natural. É um privilégio conviver com tanta gente inteligente e talentosa do meio publicitário – e não sou um lacrador, sou um conciliador. João Doria, o pai, que foi publicitário e depois deputado federal, dizia que eu devia entrar para a política, a exemplo dele. Ele me chamava, como muita gente me chama ainda hoje, de "Senador". Nunca quis nem vou virar político, mas o apelido ficou, pela minha maneira de fazer as coisas: ouvir as pessoas, articular, influenciar.

Embora um pouco tímido quando criança e adolescente, sempre gostei muito de pessoas e sempre falei muito bem: uso a oratória e sou cara de pau. Tendo um objetivo, eu vou atrás. Falo com quem for preciso.

Sempre fui um prospectador, não apenas de vendas, como de novos negócios. Isso está em mim desde o princípio: se eu não conhecia um empresário ou anunciante, isso era só um detalhe – eu o rastreava e descobria como chegar nele.

Se ligava dez vezes e não era atendido, eu não levava para o lado pessoal: era porque ainda não tinha chegado a hora. Eu não me incomodava, nem me frustrava, e não desistia. Pelo contrário, podia demorar meses, às vezes anos, para aquela pessoa me receber, mas eu tinha uma confiança inabalável de que aquilo ia acontecer.

Durante toda a vida procurei me posicionar, ter destaque e cativar empresários, me fazendo útil e relevante na agenda deles. Na Paulistur, estávamos criando oportunidades que eram boas não somente para a cidade, mas também para o marketing das empresas, que aproveitavam nossas ideias. Criamos um modelo de parceria público-privada que deu muito resultado.

João criava os projetos para promover o turismo na cidade e eu os empacotava para vender aos patrocinadores, agentes de turismo e anunciantes. Havia, por exemplo, a ideia de promover eventos nas praças da cidade nos fins de semana. A primeira foi a Praça Doce. A ideia era fantástica: quem fazia doces teria nos fins de semana uma ocupação e uma fonte de renda, vendendo os doces que produzia em casa. João conseguiu um espaço em frente ao Colégio Caetano de Campos, na Praça da República, Centro da cidade, e organizou bancas para as doceiras poderem expor e vender suas produções.

Eu vendia o patrocínio com a ajuda dele; João sempre foi um abridor de portas de inacreditável habilidade para viabilizar os recursos. Praça Doce vendemos para a Açúcar União. Fizemos no mesmo modelo a Praça do Salgado, cujo patrocínio vendi para as Panelas Clock. Criamos também a Praça do Sertanejo, com a Milharina Quaker, uma conta da McCann.

As praças eram um sucesso, ia muita gente. O prefeito Mário Covas, que adorava o contato com as pessoas, passeava por elas nos fins de semana, acompanhado da esposa, dona Lila. Chamava a gente, a turma de jovens da Paulistur, de "Menudos" – referência ao grupo musical que fazia muito sucesso na época. Ele admirava o João pela sua capacidade de trabalho, e elogiava a Paulistur, dizendo que trazia soluções sem lhe pedir dinheiro.

Dava tudo muito certo, e seguimos com projetos cada vez mais ambiciosos. Criamos o Passeio de Cães, com a Purina; o Passeio de Garçons, com Aji-No-Moto; os concertos sinfônicos no Parque Ibirapuera e a Rua do Choro, na João Moura; o Concurso de Melhor Decoração de Natal, nas ruas da cidade, com patrocínio do American Express.

São Paulo sempre foi uma cidade vocacionada para o turismo de negócios. Nos fins de semana, os hotéis ficavam quase vazios. Pensamos em como podíamos ativar essa ocupação. João criou então o Passaporte São Paulo. Na época ainda não havia tanto cartão de crédito, muito menos pagamento com o celular. O passaporte imitava um passaporte de verdade, como uma caderneta, onde estavam as empresas conveniadas, que davam descontos. Entravam os melhores hotéis – 3, 4 e 5 estrelas – e também restaurantes, locadoras de veículos e outros prestadores de serviços: teatros, casas de show, bares, discotecas.

Tudo, claro, era patrocinado por uma empresa de cartão de crédito que queria ativar o uso do cartão nesses estabelecimentos, a Credicard. Você ganhava os descontos se usasse o cartão e tivesse o passaporte na mão. Todo mundo pagava para ter publicidade dentro do passaporte. Para vender a ideia ao público, fizemos uma campanha muito grande. Washington Olivetto criou todas as campanhas, do Passeio de Cães ao Passaporte São Paulo.

Todas aquelas ideias vinham do João, que ajudava em tudo. Ele é o melhor vendedor do Brasil. Além disso, sabia formar gente, liderar a equipe e extrair o melhor de cada um. Não tinha medo de contratar gente melhor que ele – e cobrava, loucamente. João faz você melhorar. É leal, correto, mas tira o seu sangue. Como todos, eu trabalhava vinte horas por dia, sete dias por semana, como o João trabalha desde sempre: nunca relaxou.

Uma vez, Roberto Medina nos reuniu na casa dele para mostrar uma maquete da nova versão do Rock in Rio. Eu me lembro de que tinha amanhecido de um voo de Nova York para São Paulo, tido uma série de reuniões e voado no fim da tarde para o Rio, indo direto para sua casa. Roberto começou a fazer uma bela apresentação, mas dormi sentado e todo mundo percebeu. Silêncio total, e acordei dizendo: "Estava aqui refletindo sobre essa experiência..." Gargalhada geral.

O ritmo de João era alucinante. Eu dormia quatro horas por noite. Aos 22 anos, ainda fazendo a faculdade, eu tinha uma sala de trabalho enorme e carro com motorista. No dia da minha formatura na São Francisco, que aconteceu no Anhembi, pus a beca e fui andando a pé para a cerimônia. Lembro direitinho do espanto do meu professor da faculdade, o Fábio Comparato, quando me viu chegar.

– Você veio do trabalho?

– Sim, eu trabalho aqui. Sou vice-presidente de marketing da Paulistur.

Era mesmo desconcertante. Em vez de fazer o exame da Ordem dos Advogados do Brasil (OAB), necessário para seguir carreira como advogado, fiquei onde estava, envolvido com a Paulistur e também com a política. O governo do general João Figueiredo marcou o último ciclo do regime militar. Em 1984, toda a equipe da Paulistur participou do movimento das Diretas Já, cujo maior articulador – mais até que o deputado federal Ulysses Guimarães, líder nacional da oposição – foi o Montoro.

Aquele foi um grande movimento apartidário, do qual participaram todos os grandes políticos de oposição – um momento histórico do Brasil. Montoro decidiu promover comícios para obter apoio popular à emenda Dante de Oliveira, que propunha a eleição direta para presidente da República, último passo no processo de redemocratização em andamento – até então, o presidente era escolhido por meio de um colegiado no Congresso, cuja maioria era formada pela situação.

Nós tínhamos o jeito para fazer aqueles eventos, na Paulistur, e usamos nossa *expertise* para organizá-los. Eu e o James fomos a todos os comícios das Diretas, vivemos tudo aquilo. João é quem estava no comitê, mas sobrava para nós levar as ideias adiante.

Para atrair mais gente, os comícios eram shows – os "showmícios", como a gente chamava, um nome que pegou. Nas horas extras da Paulistur, o Dezen, com o Eduardo Colturato e toda uma equipe, cuidava de toda a criação e da produção. Os convidados vinham de graça; era um movimento cívico impressionante, que contava com o apoio da maioria esmagadora da população.

Havia uma vontade de democracia saindo por todos os poros. Até mesmo a iniciativa privada queria apoiar. Durante o regime militar, surgiu uma indústria por conta da política de substituição dos importados. O ex-presidente Ernesto Geisel tinha feito o empresariado se endividar, para fazer o projeto do "Brasil Grande". Com o choque do petróleo, o governo não fez as encomendas que havia prometido, e muita gente acabou quebrando. Boa parte do empresariado, então, voltou-se contra o regime.

No movimento pelas Diretas Já, não havia campanha publicitária: toda a divulgação vinha da cobertura da imprensa, que era enorme. Essa luta por eleições diretas mobilizou toda a sociedade civil, unindo no mesmo palanque os diferentes líderes da oposição: Ulysses, Montoro, Fernando Henrique Cardoso, Teotônio Vilela, Lula, Tancredo Neves, Brizola. O apresentador dos comícios era Osmar Santos, então o locutor de futebol mais célebre do país. Havia também celebridades, como Fafá de Belém, que estava no auge da fama e cantava o Hino Nacional, e a atriz Christiane Torloni, então a mais popular estrela das novelas da TV, que busquei uma vez no aeroporto de Congonhas para levar ao comício.

No meio daquela efervescência, ficamos muito perto de todas as grandes figuras que fizeram a Nova República.

* * *

Em 1985, aconteceu a primeira eleição direta para prefeitos e vereadores nas capitais. Apoiamos Fernando Henrique para a Prefeitura de São Paulo. A gente estava esperando o final da apuração dos votos no bufê Baiuca, um casarão na Rua Maranhão, em Higienópolis, ao lado do apartamento de Fernando Henrique, onde ia ser a festa da vitória. Só que ele perdeu, apesar de favorito, segundo as pesquisas. Batemos a cara no muro. Ninguém acreditava que isso pudesse acontecer. Nem ele.

O mundo não segue a lógica. Aquilo foi um exemplo. A gente achava que o Jânio Quadros, que renunciou em 1961, era o grande responsável pela crise política que resultou no regime militar. Estávamos fazendo o caminho contrário, tirando o país do regime militar, andando para a frente. Por 1%, porém, ganhou o Jânio.

Nosso trabalho como militantes era separado da Paulistur, mas a experiência com a empresa ajudava. Quando perdemos a eleição, aquilo se virou contra nós. Durante a campanha, João falou em uma entrevista para a TV Manchete que Jânio era um "câncer" de São Paulo. O então candidato ligou para João Doria, pai do João, que ele conhecia, e disse:

– Seu filho acaba de falar na televisão que sou um câncer. Eloá está aqui do meu lado, morrendo de câncer. Quando estiver na prefeitura, vou passar sobre ele como um trator. Estou avisando o amigo.

E assim fez. Quando assumiu, como um de seus primeiros atos na prefeitura, depois de chamar a imprensa e ser fotografado borrifando com desinfetante a cadeira do prefeito, onde Fernando Henrique tinha se sentado para fazer uma foto de capa para a *Vejinha*, Jânio mandou extinguir a Paulistur.

Terminou aquele meu curto ciclo na vida pública. Foi um período muito rico, em que nos sentimos protagonistas do nosso destino. Pretendíamos mudar o mundo – e nós entregávamos uma parte disso. A derrota de Fernando Henrique, porém, também foi importante para o nosso amadurecimento.

Em 1985, víamos que existia um lado do Brasil para o qual nós, jovens – eu com 23 anos –, tínhamos de acordar. Havia ainda um pessoal mais conservador que tinha elegido um fenômeno midiático. Jânio foi prefeito de São Paulo de 1986 a 1988 e, mesmo tendo mais idade e sendo um político conservador, foi um bom prefeito: saiu bem avaliado. Amadurecemos na questão política.

O tempo na Paulistur tinha sido muito bom, mas com tanta tensão, trabalho e responsabilidade para alguém tão jovem, adquiri uma úlcera no duodeno. Nesse período, desenvolvi o meu dom de falar e escrever e o meu interesse em defender causas – uma conexão entre a comunicação e o direito. Aquela experiência ainda estimulou muito a minha veia empreendedora. Comecei a ver que eu poderia usar aquilo tudo numa indústria que no passado eu nem imaginava. Estava, enfim, resolvido a trabalhar em publicidade.

* * *

Depois de sair da Paulistur, João passou a presidir o São Paulo Convention Bureau, o primeiro do Brasil, que ele criou em 1985 inspirado no New York Convention and Visitors Bureau. Visava reunir empresas de forma a disputar a concorrência para a realização, em São Paulo, de grandes feiras e eventos, especialmente os internacionais. Por causa de João, estou também lá, na ata fundadora.

Pelo Bureau, trabalhamos juntos novamente, na ideia de fazer uma série de ações promocionais e de turismo. Uma delas foi a da passagem do cometa Halley, avistado a olho nu na Terra somente a cada 76 anos. Fui ao voo de observação organizado para um grupo de VIPs que queriam ver o Halley mais de perto no céu. No fim, o tempo estava ruim, ninguém viu o cometa, mas foi uma grande festa *black tie* – e eu estou na foto dentro do avião, com o José Victor Oliva, que promoveu tudo, além de outros.

Nessa mesma época, João recebeu um convite de Flávio Corrêa, o Faveco, para se associar ao Grupo Ogilvy e abrir no Brasil a Scali, McCabe, Sloves, uma agência de publicidade de muito sucesso nos Estados Unidos, liderada pelo criativo Ed McCabe. Ele me ofereceu a possibilidade de ser o diretor de atendimento da nova agência, mas não fomos trabalhar lá – nem ele, nem eu.

Em fevereiro de 1986, com um telefonema no meio da noite, o pai de João acordou o meu pai, na casa do Pacaembu, que, por sua vez, me acordou.

– Você precisa falar com o João, porque o pai não sabe onde ele está, e ele poderá ser o presidente da Embratur.

Achei o João no hotel Steigenberger, em Berlim, aonde ele tinha ido participar de uma feira, a Internationale Tourismus-Börse (ITB).

As Diretas Já não tinham acontecido, porém o Colégio Eleitoral colocou na presidência da República o primeiro civil depois do regime militar, Tancredo Neves. No entanto, hospitalizado poucas horas antes de ser empossado, faleceu dias depois. O vice, José Sarney, que assumiu em seu lugar, resolveu cumprir uma promessa de Tancredo ao pai de João, que ele também conhecia. Isso, mais a experiência bem-sucedida na Paulistur, fez com que João assumisse a presidência da Embratur – e ele convidou toda a sua antiga equipe para ir junto.

Fui diretor de marketing da Embratur de março de 1986 a abril de 1987. Morava no hotel, no Rio de Janeiro, junto com todo o grupo dos "Menudos". Como a Paulistur, a Embratur era uma agência, isto é, uma empresa pública, só que no plano nacional, ligada ao Ministério da Indústria e Comércio. Pagava pouco, mas mesmo assim conseguimos montar lá um timaço na área de marketing. O coordenador internacional era o Miguel Barros, que havia saído da Souza Cruz, um grande anunciante, com campanhas memoráveis, como as dos cigarros Minister e Hollywood. O coordenador nacional era o José Humberto Affonseca, que tinha sido diretor comercial da revista *Playboy*, na Editora Abril, e depois foi vice-presidente da rede Eldorado de hotéis.

Tanto Miguel quanto José Humberto vinham de posições importantes no mercado privado, em que ganhavam mais, para fazer um trabalho relevante. Edvard Barreto, também da área internacional, deixou a Johnson & Johnson, onde tinha uma carreira promissora na área de marketing, para trabalhar conosco. Kiki Moretti era a coordenadora internacional de imprensa, e Ivandel Godinho, marido dela, coordenador nacional; depois abriram juntos a Inpress, uma das maiores agências de assessoria de imprensa do país. Também trabalhavam na equipe de comunicação da Embratur Rosana Beni, Ana Regina Bicudo, Meg Guida, Eduardo Colturato, Joandre Ferraz – um timaço.

Éramos muito jovens e tínhamos esse idealismo: eu convidava, e eles topavam ir para a Embratur, ganhando menos. Usando nossa experiência na Paulistur, começamos a fazer parcerias público-privadas para criar promoções que movimentavam a indústria do turismo no país. Uma delas foi o Seguro do Sol, ideia do José Humberto Affonseca. Funcionava assim: nos pacotes comprados no Nordeste, se você pegasse mais de dois dias de chuva, tinha direito a diárias adicionais. O patrocínio do Seguro do Sol, que garantia aquela extensão, claro, era de uma seguradora: a Golden Cross.

A exemplo do Passaporte São Paulo, na Embratur fizemos o Passaporte Brasil, para incentivar o turismo doméstico, com patrocínio das quatro companhias aéreas nacionais – Varig, Cruzeiro, Vasp e Transbrasil – e novamente da Credicard, oferecendo descontos em hotéis, locadoras de veículos, restaurantes, lojas e demais serviços de lazer e turismo.

Para essa campanha, assim como outra, de promoção do turismo ecológico, éramos atendidos pela DPZ. Washington Olivetto foi nos visitar no Rio, para dizer que estava saindo da agência para abrir a W-GGK, sua própria empresa. Sempre muito elegante, ele nos apresentou a dupla da DPZ, no Rio, que cuidaria da conta: Marcello Serpa, o melhor diretor de arte do mundo da minha geração, premiadíssimo em Cannes, e o redator Stalimir Vieira, gaúcho que mais tarde veio a ser meu sócio. Ambos se tornaram queridos amigos e aprendi muito com eles.

Outras agências atendiam a Embratur. A Almap, de Alex Periscinoto, fez a campanha do turismo para deficientes físicos; a Artplan, de Roberto Medina, criou a campanha dos albergues da juventude. Para promover o Brasil como destino turístico no mundo tivemos a Ogilvy, que cuidava da conta internacional, com a campanha "Emotion has a name: Brazil".

Pelé foi escolhido como "embaixador do turismo". Trabalhou na campanha por um valor muito pequeno, para ajudar mesmo a gente e o país. Como garota-propaganda – e sinônimo de mulher brasileira –, contratamos também a modelo Luiza Brunet. Na sequência fizemos outra campanha, também muito marcante: "What life was intended to be", ou "como a vida deveria ser", com imagens do Brasil.

Essas campanhas internacionais foram veiculadas nos principais mercados emissores de turistas para o Brasil, como Argentina, Estados Unidos, Portugal, Espanha, França, Itália, Alemanha e Japão. Faveco Corrêa, que liderava o Grupo Ogilvy, nos ajudou muito na busca de patrocínios, trazendo Miguel Cohen, então presidente da American Express, cartão oficial dessa campanha. Eu e João fomos buscar o apoio das companhias aéreas estrangeiras: Aerolíneas Argentinas, Pan Am, TAP, Iberia, Air France, Alitalia, Lufthansa e Japan Airlines.

Participamos das feiras internacionais de turismo. Quando entramos na Embratur, descobrimos que havia uma linha de crédito de 500 mil dólares para fazer feiras do Brasil no exterior, concedida pela Comunidade Econômica Europeia – um dinheiro que não estava sendo utilizado. Naquela época não existia e-mail. Começamos a mandar cartas pelo correio – e a cobrar e cobrar. Um dia, apareceu um francês, que trouxe o projeto das feiras pronto. Fiquei bravo: disse que a Embratur era uma empresa pública, que aquilo tinha de ser feito por licitação.

– Não – ele disse.

O francês explicou que ele é que tinha conseguido a linha de crédito junto à Comunidade Econômica Europeia e que seria pago diretamente, porque a empresa realizadora dos eventos tinha de ser europeia. No contrato dele com a Comunidade, a Embratur aparecia apenas como parte interessada. Não havia dinheiro nenhum para nós, portanto, mas ele garantia que nos entregaria todas as feiras importantes na Europa – em Londres, Berlim, Paris, Madri.

Utilizamos aquelas feiras para fazer a campanha do Passaporte Brasil. Pelé, como símbolo da campanha, ia presencialmente: foi à feira de Londres (WTM), no Reino Unido, de Berlim (ITB), na Alemanha, e de Tóquio, no Japão.

Passei uma semana com ele em Londres. Na alfândega do aeroporto de Heathrow, passamos sem apresentar o passaporte. É verdade que o tempo era outro: não havia a neurose com o terrorismo nem a imigração ilegal, e os aeroportos eram mais tranquilos. Porém, era tal a popularidade mundial de Pelé, que ele não precisava de identificação: com uma multidão a cercá-lo, simplesmente entrou – e a gente entrou junto.

Todo dia, Pelé chegava ao estande da feira às 15h e saía às 22h. Formava-se uma fila para os autógrafos que seguia para fora do pavilhão. Naquele tempo não havia celular, só máquina fotográfica; ele fazia uma foto com cada um, além de dar o autógrafo. Era uma pessoa única, com uma paciência que só vendo: perguntava o nome das pessoas e fazia questão de escrevê-lo corretamente, com uma mensagem: "do amigo Pelé", com a bolinha em cima do "é". Não economizava tempo nem atenção. Sabia exercer a majestade, ser rei, ser Pelé.

Eu fui preparado para pagar as diárias de hotel e outras despesas, mas voltei com todo o dinheiro, porque, nos oito dias em que ficamos em Londres, Pelé não precisou pagar uma conta sequer.

Até então, os turistas brasileiros eram obrigados a levar dólares em dinheiro vivo, comprados na maior parte das vezes no câmbio negro, como era então chamado o mercado paralelo, porque havia uma limitação para a venda de dólares pelo câmbio oficial. Uma das lutas que o João abraçou na Embratur foi a da utilização do cartão de crédito no exterior. Para convencer o governo a adotar o dólar turismo, que facilitaria a vida de quem viajava e desestimularia o mercado paralelo, ele fez várias reuniões em Brasília com Roberto Müller Filho, jornalista que por muitos anos foi diretor editorial da *Gazeta Mercantil*, maior jornal de negócios do país, e era então o chefe de gabinete de Dilson Funaro, ministro da Fazenda do governo José Sarney. O dólar turismo acabou sendo adotado, mas só mais tarde, no final do governo de Fernando Collor, e ainda existe.

Realizamos muito, e nesse tempo também aprendi bastante sobre publicidade, comunicação e promoção. Com aquela experiência, eu já estava com vontade de empreender seriamente. Assim, depois de um ano, decidi sair do poder público.

Em abril de 1987, voltei a São Paulo para começar uma carreira privada. E fui falar com quem?

3

UMA ERA DE OURO

Durante meu trabalho na Embratur, que tinha a Almap como uma de suas agências, fiquei muito amigo do Alex Periscinoto. Ele vivia passando cantada na gente, sempre falava que, quando saíssemos da Embratur, eu e João, teríamos de trabalhar com ele.

João, como presidente, ficou na Embratur. Para mim, havia uma oportunidade.

– Lara, eu quero ativar o *trade marketing*, a área promocional dos nossos clientes – Alex me disse.

Na Embratur, fiquei fascinado pela área promocional, que estava apenas começando a receber uma valorização tão grande quanto a publicidade convencional, pelo engajamento do público com as marcas. Na década de 1980, a importância de criar experiências para os consumidores aumentou muito – e o que fazíamos na Paulistur e depois na Embratur foi pioneiro. Eu tinha sido impactado pela convivência com Roberto Medina, criador do Rock in Rio, cuja agência, a Artplan, criou campanhas para nós na Embratur.

Daí surgiu a ideia de criação de uma unidade promocional da Almap, então a segunda maior agência do Brasil, depois da MPM-Casabranca. Nessa época, as agências brasileiras estavam no topo do ranking: na sequência, pela ordem, vinham McCann, Salles, Norton, Standard/Ogilvy, J. Walter

Thompson e a DPZ. Algumas delas já tinham uma área promocional, mas a maior e melhor agência nessa área só fazia isso e era independente: a De Simoni, do João de Simoni Ferracciù, papa da promoção.

Com o apoio de José de Alcântara Machado e de Alex Periscinoto, montei a Almap Promoções com o Eduardo Colturato, ex-diretor de operações da Paulistur e da Embratur. Ele era muito bom em finanças e operações; eu, no planejamento, na área comercial e no atendimento. A Almap Promoções, que começou a funcionar em maio de 1987, atendia os clientes da Almap, mas, como se pretendia, era um negócio separado, novidade para a época: a Almap era a primeira agência em que a promoção era um *side business*, focado nessa atividade.

A empresa de promoções tinha receita e despesa, equipe própria e autonomia. Eu tinha 3% de participação na agência; o Eduardo, outros 3%; José de Alcântara Machado e Alex Periscinoto, que traziam os clientes da agência e o capital, tinham 94%, parte como pessoas físicas, parte como pessoa jurídica (Almap). Foi o primeiro negócio em que tive a oportunidade de ser sócio, entre 1987 e 1989, dos 25 aos 27 anos de idade.

Formamos um time de criação e trabalhávamos em uma casa alugada na Avenida Rebouças, esquina com a Rua Oscar Freire, em São Paulo. Não era fácil. A Almap abria as portas, mas tínhamos de conquistar os clientes, que não eram obrigados a deixar a conta promocional conosco. Passamos a desenvolver ações para eles. Deu muito certo.

Para a Danone, criamos a Copa Dan'Up de Futebol de Salão, em parceria com a Jovem Pan, muito graças ao extraordinário trabalho do jornalista Wanderley Nogueira, que organizava o evento com a rádio. Era ideia dele, que viabilizamos. O Wanderley transmitia os jogos da Copa pela rádio, aos sábados pela manhã. Era interessante para a programação da Jovem Pan, para o esporte e para a marca. Foi um sucesso.

Nos mesmos moldes, fizemos o Torneio Kibon de Natação, disputado nas piscinas de clubes tradicionais de São Paulo: Pinheiros e Paulistano. Também foi um sucesso. Para a Kibon, fizemos as promoções do Palito Premiado, que vinha nos picolés.

Trabalhamos também para a Pepsi, que estava no ar com uma campanha comparativa em relação à Coca-Cola, muito marcante, tanto no mercado norte-americano quanto no brasileiro. O tema da promoção era "Escolha pelo sabor". Fizemos várias ações de *trade marketing* nos pontos de venda, como supermercados. O promotor propunha o "Prove": fazíamos o teste cego, garantindo que a pessoa iria preferir a Pepsi. Aquela ação moveu o ponteiro: fez a Pepsi ganhar muito *share* de mercado naquele momento.

Fizemos campanhas promocionais para a Elma Chips e a Volkswagen, que tinha uma relação muito forte com a Almap, com planejamento liderado por Helcio Emerich, vice-presidente da agência e o melhor planejador de comunicação automotiva do país. Uma dessas ações foi a da despedida do VW Fusca, que saiu de produção em 1987. Era um carro que estava na memória afetiva de todos os brasileiros – alguém da família certamente havia tido pelo menos um na vida, não importava o lugar, nem a classe social. Fizemos um leilão do último veículo saído da fábrica, dentro da promoção "Esse Fusca vale ouro". Foi um *gran finale*. Seis anos mais tarde, em 1993, o então presidente Itamar Franco fez questão de trazer o Fusca de volta, e a VW relançou o carro.

Depois criamos um novo conceito para a Volkswagen, que nessa época estava se unindo com a Ford em uma empresa só, a Autolatina, sob a liderança do seu presidente, Wolfgang Sauer. As pessoas ainda mandavam cartas; fizemos um concurso por correspondência, para as pessoas enviarem ideias que servissem de conceito para uma campanha. Naquele momento, a VW era a marca líder, com 68% de *market share* na indústria automobilística do Brasil. Dessa promoção veio o célebre slogan "VW: você conhece, você confia".

* * *

Aprendi muito na Almap Promoções, onde convivemos com o pessoal da agência, verdadeiros craques, como Otto de Barros Vidal, pioneiro, desbravador e referência da mídia, além do próprio Helcio Emerich e de Ercílio Tranjan, que liderava o time criativo. Sem contar todo o aprendizado que tive na convivência com Alex Periscinoto, com quem tinha uma relação muito importante.

Em 1987, o Zé e o Alex venderam a Almap para a BBDO. Foi a maior aquisição de uma agência nacional por uma multinacional até então, e uma fusão pioneira entre duas grandes empresas do mercado. Era uma venda progressiva, na forma de *earn out*: os antigos donos da Almap continuaram dirigindo a agência, com metas preestabelecidas, e iam recebendo o pagamento à medida que desempenhavam o trabalho, até sua saída completa.

A Almap Promoções, porém, não era parte do negócio.

– Vamos negociar para que vocês fiquem com a agência –, me disse Alex.

Foi realmente um negócio de pai para filho, em que sou um eterno devedor, porque eu e o Eduardo Colturato não tínhamos dinheiro para pagar a parte dele, do José de Alcântara Machado e da Almap, de 94%. Com grande ajuda do Nelson Ortega, seu diretor administrativo financeiro, o Alex, com a concordância magnânima do José Alcântara Machado, viabilizou a compra da Almap Promoções por nós por meio de um programa de *management buy out*: pagaríamos com os próprios resultados da empresa.

Como? Eles manteriam todas as ações promocionais dos clientes da Almap para nós, por um período. Com parte da receita desse serviço, iríamos amortizando a dívida, até comprarmos 100% da Almap Promoções.

Nessa fase, trabalhamos muito. Em 1988, fui eleito o Profissional de Promoção do Ano pelo Prêmio Colunistas, liderado por Armando Ferrentini. Porém, queria mais: buscar também clientes de publicidade.

Uma oportunidade surgiu. Quando João Doria saiu da presidência da Embratur, em outubro de 1988, nós o convidamos para ser sócio, o que ajudava a transformar a agência de promoções também numa agência de publicidade. Além da experiência da Embratur e da Paulistur, ele tinha aquela proximidade histórica com a propaganda, que vinha do seu pai, ex-redator da Standard e fundador da Doria & Associados, agência marcante no seu tempo.

Resolvemos acreditar, ousar, e João topou. A empresa, que ainda se chamava Almap Promoções, precisava mudar de nome. Nasceu a Doria, Lara & Associados (DLA). João, com 60% de participação, era o presidente da agência; eu, com 20%, o diretor de atendimento; e o Colturato, com outros 20%, mas ele sairia logo depois.

Para ter uma agência, precisávamos contratar gente de criação e investir. A casa alugada na Rebouças, sede da agência promocional, era bonita e adequada, mas precisava de reforma. Quem nos ajudou nesse momento foram os irmãos Fábio e José Roberto Auriemo, da construtora JHS. Sabíamos que eles diversificavam investimentos, aplicando em outros negócios, como tinham feito com a churrascaria The Place. Prometemos que pagaríamos o empréstimo em dois anos, com juros e correção monetária. Porém o negócio deu muito lucro, e bem cedo, tanto que em sessenta dias eu estava na sala deles, de novo, para quitar a dívida.

– Mas acabamos de investir!

– Conseguimos o dinheiro! Somos muito gratos e queremos pagar.

Pagamos tão rápido que eles nos dispensaram dos juros e da correção monetária. Receberam de volta apenas o que tinham investido.

* * *

No final de 1989, um ano depois de abrirmos a agência, querendo crescer ainda mais, e com a saída do Colturato, trouxemos o Stalimir Vieira, com quem já tínhamos trabalhado como clientes, eu e João, na Embratur. Redator da DPZ do Rio de Janeiro, ele tinha sido transferido para a agência em São Paulo. João era um ótimo presidente, voltado para os negócios; eu era ótimo no atendimento e no planejamento; o Stalimir, que era do primeiro time dos criativos, gaúcho premiado e reconhecido, completou o trio.

Ele estava feliz na DPZ, mas ser sócio de uma agência era atraente. Apenas começava uma nova onda de criativos que saíam de grandes agências para abrir seu próprio negócio, a exemplo de Washington Olivetto. E existia espaço para uma butique criativa, como a nossa. Assim, ele aceitou o desafio. A DLA passou então a se chamar DLS: Doria, Lara e Stalimir.

Aquele foi o momento de os publicitários mais criativos estarem na liderança das agências, que até então tradicionalmente ficavam mais nas mãos dos homens de negócios: Mauro e Luiz Salles, Petrônio Corrêa, Julio Ribeiro, Geraldo Alonso, Alex Periscinoto. João Doria, o pai, tinha sido redator publicitário, mas era acima de tudo um *business guy*. A organização do mercado por parte da geração anterior, equalizando a comissão das agências e estruturando o negócio, fez com que o talento passasse a ser o diferencial – e permitiu uma supervalorização do criativo na geração seguinte.

A partir dos três sócios da DPZ – Roberto Duailibi, que era redator e o mais empreendedor, Francesc Petit e José Zaragoza, ambos artistas plásticos –, a propaganda brasileira se tornou um celeiro de craques. Washington Olivetto, Neil Ferreira, Nizan Guanaes, Fabio Fernandes,

Marcello Serpa, Alexandre Gama, o próprio Stalimir Vieira, Jaques Lewkowicz e outros formaram uma geração de ouro na criação publicitária.

O início dos anos 1990 foi um momento propício para a aventura dos empreendedores da comunicação. Aquela mudança do país para a qual tínhamos trabalhado, desde a campanha das Diretas Já, começava a dar seus frutos, no sentido do desenvolvimento com liberdade política, econômica e social.

O Brasil vinha de um processo de inflação crônica, empurrando os problemas para a frente. Era um choque econômico atrás de outro: Plano Cruzado, que congelou preços, sem resultado; Cruzado II, que tentou consertar o I; depois vieram o Plano Bresser e o "feijão com arroz" do ministro Maílson da Nóbrega, no fim do governo José Sarney, que consistia em protelar mais medidas drásticas até que assumisse o primeiro presidente eleito. Nesse período, a inflação virou hiperinflação.

Entre 1986 e 1990, o Brasil teve várias moedas; a gente vendia com um preço em Obrigações do Tesouro Nacional (OTN), papel de lastro da dívida pública que servia como fator de correção monetária. Éramos bem-sucedidos na gestão da agência, mas havia uma instabilidade econômica brutal. Ter empresa, na época, era um ato de coragem, com alto risco. Ainda assim, até pela inflação enorme, havia um lado desbravador, até meio romântico, irresponsável, que nos estimulava.

Havia também otimismo com o futuro, porque o Brasil estava em franca mudança, simbolizada pela primeira eleição direta para a presidência da República, cuja campanha ocorreu em 1989. Como candidato, Fernando Collor conversou com o país na época; fez tudo direitinho. Seu discurso de posse, escrito pelo filósofo José Guilherme Merquior, foi uma peça de política espetacular.

Se ele tivesse a cabeça mais no lugar, ou a experiência dos mais velhos, teria colocado os tucanos no governo, feito o Plano Real com quatro anos de antecedência e passado para a história como um grande presidente.

Passamos pelo Plano Collor, que trouxe muitos problemas, e pelo processo de *impeachment* do presidente, mas havia muita confiança, apesar das dificuldades, porque a gente sabia que o Brasil estava mudando. Lá atrás, quando esse país apenas surgia, já antevíamos que o Brasil ia se abrir, crescer, gerar oportunidades. Como sempre, Washington Olivetto, o João Gilberto da propaganda brasileira, foi um pioneiro. Quando corajosamente saiu da DPZ, em 1986, receoso do alto investimento, foi primeiro buscar um parceiro internacional e montou a W/GGK. Teve um sucesso retumbante: ganhou a conta do Unibanco, da Bombril, do Boticário, da Sadia, entre outras. Em um ano, recomprou a parte da GGK e a agência passou a se chamar W/Brasil.

Esse movimento – assim como o sucesso de Duda Mendonça, que criou a DM9 na Bahia, na década de 1980 – inspirou outros criativos, que tinham o Washington como modelo, a também correr o risco de assumir seu próprio negócio. Foi o caso de Nizan Guanaes, que começou a carreira na DM9. Juniorzinho, saiu da Bahia e foi trabalhar na Artplan, no Rio de Janeiro, com Chico Abreia e Roberto Medina. Fez a campanha da Caixa Econômica com o ator Luiz Fernando Guimarães, "Vem pra Caixa você também", que foi um sucesso. Refundou a DM9, já sem o Duda, ao lado de Affonso Serra, e, junto com Guga Valente, criaram uma das maiores agências do Brasil.

Outros publicitários de grandes agências abriram seu próprio negócio. Fabio Fernandes criou a F/Nazca, ao lado de Ivan Marques e Loy Barjas. Dalton Pastore e Claudio Carillo fizeram a Carillo Pastore. Celso Loducca criou a Loducca, ao lado de André Paes de Barros e outros sócios. Algumas agências tradicionais abriram espaço para uma nova geração de talentos. Na Almap, em 1992, Alex Periscinoto chamou Marcello Serpa, Alexandre Gama e José Luiz Madeira para reformular e liderar a agência. Alex sendo o *chairman*, e eles no comando executivo – praticamente refundaram a Almap, que se transformou em uma agência muito criativa, como é até hoje. Depois Alexandre Gama saiu da Almap e criou a Neogama, ao lado de Roberto Mesquita e de Geraldo Rocha Azevedo.

Eu também estava buscando o caminho. Em 1990, o Stalimir, muito que foi formado pelo Washington, quis também correr esse risco e veio unir-se a nós na DLS, como mencionei anteriormente. Sou um empreendedor, voltado para o negócio, mas o empreendedor e o criativo não vivem um sem o outro, quando não são um só. Com o Stalimir, o time ficou ótimo. E saímos em busca de clientes, João e eu.

* * *

Vieram para a DLS clientes muito interessantes, ligados ao turismo, área em que eu e o João tínhamos *expertise* e éramos referência, pelo trabalho feito na Embratur. Em 1991, ganhamos as contas do Aruba Tourism Authority, do governo de Aruba, que transformamos num destino turístico para o Brasil, com o *slogan* "Aruba é do Caribe".

Fizemos ainda as campanhas do Club Med para o lançamento do resort em Mangaratiba, em Angra dos Reis. Foram dois filmes, veiculados na televisão, com depoimentos. Um foi de Ivo Pitanguy, maior cirurgião plástico do Brasil e um dos melhores do mundo, se não o melhor; outro, de Zózimo Barrozo do Amaral, que assinava uma coluna social no *Jornal do Brasil* e era uma entidade do jornalismo brasileiro. Falavam sobre o clube em Mangaratiba, pelo qual Pitanguy, especialmente, ficou apaixonado.

Organizamos e promovemos também o evento de inauguração. Convidamos e levamos Roberto Marinho, da TV Globo, ainda casado naquela época com dona Ruth; Adolpho Bloch, da revista e da TV Manchete; e João Saad, da TV Bandeirantes. Fiz então a famosa foto dos três concorrentes, donos das maiores emissoras de TV brasileiras, a única na história em que estão juntos.

Eu sou muito cara de pau para essas coisas. Vi os três entrando para jantar e falei: "Peraí! Foto histórica!". Fomos para um canto. Estava passando o embaixador Walther Moreira Salles, cujo banco, o Unibanco, tinha uma empresa que investia em turismo, a Brasil Warrant, que investia no Club Med. Era dirigida por Marcílio Marques Moreira, com quem falávamos na Embratur, e ele estava acompanhando Moreira Salles. "Embaixador, o senhor também!".

O jornalista Alessandro Porro, chefe da sucursal de *Veja* no Rio de Janeiro, me ligou pedindo a foto do trio, para publicá-la na revista. Porro havia demitido o fotógrafo que estava cobrindo o evento e perdera o flagrante.

– Ele não teve culpa – eu disse. – Eu que inventei a foto na hora, ele não tinha como estar lá.

A foto com aquelas personalidades saiu na coluna Gente, de *Veja*. Foi um acontecimento.

Passamos a fazer muitos eventos no Club Med, sempre convidando a imprensa. Como comunicação espontânea, aquilo funcionava muito. A gente já sabia que a comunicação de forma integrada exigia o *Public Relations* (PR). Por conta disso, eu e João, em 1990, tínhamos resolvido abrir um braço nessa área. Nos fundos da casa da Rebouças, onde ficava a agência, fizemos outra empresa, de assessoria de imprensa e relações públicas, em sociedade com Ana Regina Bicudo, PR de mão cheia, e a jornalista Norma Alcântara, que trabalhavam com a gente desde a Paulistur. Batizei a empresa de Voice. Foi uma das pioneiras numa atividade que depois cresceu muito, a ponto de algumas agências de PR se tornarem maiores que muitas agências de publicidade.

O então chefe do Village de Mangaratiba, Janyck Daudet, foi um grande parceiro – ele começou a carreira como GO, gentil organizador, o animador de atividades, seguiu carreira dentro da empresa e se tornou presidente do Club Med no Brasil. Para os eventos que fazíamos lá, além dos jornalistas, convidávamos empresários e celebridades, como Maitê Proença e Márcia Braga, famosa *socialite*, termo que se usava na época para as mulheres da alta sociedade que brilhavam nas colunas sociais. Dessa forma, promovemos os eventos, as marcas, as pessoas e o resort, tudo ao mesmo tempo. Era muito divertido.

Na agência, ganhamos novos clientes, como as lojas Dillard's, *department store* que Paulo Malzoni, do Grupo Malzoni, e Abilio Diniz, do Pão de Açúcar, estavam lançando. A conta veio por meio do consultor de varejo Marcos Gouvêa de Souza, que a entregou a João. Ajudamos a conceituar a marca, pouco ou nada conhecida no Brasil, e a fazer o lançamento promocional, em parceria com a Salles, agência que havia muito tempo atendia o Grupo Malzoni.

Ganhamos também a conta do Diners, em uma disputa da qual participava a FCB-Siboney, multinacional que tinha o cartão de crédito como cliente no mundo inteiro. Foi uma grande surpresa até para nós e ainda maior para o Gustavo Cubas, grande publicitário, líder da agência na América Latina. Atendemos também Jean Maurice Larcher, fundador da Rede Accor, e Bob Coutinho, dono do restaurante Esplanada Grill, nos Jardins, em São Paulo. Mesmo empresas menores naquele tempo tinham recursos para fazer grandes campanhas, inclusive de televisão, que custavam mais caro. Hoje isso seria impossível, é outro mundo.

Conseguimos nos destacar, ganhamos prêmios, como o Abril. Porém, em 1991, João já estava em mais duas atividades diferentes, além da agência. No programa *Sucesso*, na televisão, entrevistava personalidades globais. Organizando eventos no Club Med, especialmente do tênis, com o Bob Coutinho, em que compareciam muitos empresários, ele percebeu que havia espaço para fazer encontros com gente de negócios. Ainda não tinha esse nome, mas ele já pensava em criar o LIDE, que se tornou a maior empresa organizadora de eventos empresariais do país, muito graças à capacidade de *networking* que ele tem.

Naquele momento, João recebeu um convite irrecusável da FCB-Siboney, para ser vice-presidente institucional. Perder a conta do Diners para uma agência pequena, com uma turma de garotos, havia causado um desconforto muito grande ao Gustavo Cubas. Ele queria comprar a DLS para reincorporar aquele cliente e ainda ficar com o seu time.

João, que era sócio majoritário na agência, achou um bom negócio: ia ganhar mais e ainda teria tempo de fazer o programa *Sucesso* e gerenciar a empresa de eventos. Eu e Stalimir queríamos ficar independentes. João então saiu, levando junto a conta do Diners, como a parte dele no negócio, e nós tivemos de recomeçar.

Havíamos terminado de amortizar o débito com a Almap, mas precisávamos novamente de recursos, dessa vez para pagar o que restava da parte do João. Onde arrumar esse dinheiro? Eu e Stalimir entramos no carro e fomos falar com Washington Olivetto, o Javier Llussá Ciuret e o Gabriel Zellmeister, os três sócios da W/Brasil.

Em 1991, ela já era uma das maiores agências do Brasil, um fenômeno. Os três estavam muito capitalizados. Tinham montado a Prax, *holding* que investia em outras empresas de comunicação. Washington dizia: "Acreditamos em propaganda, vamos investir em propaganda".

Achavam que tinha espaço para uma butique criativa e gostavam muito de nós. O Washington adorava o Stalimir, o Gabriel gostava muito de mim. E disseram:

– A gente quer.

Compraram uma participação de 40% na agência, e eu e o Stalimir ficamos com 30% cada um. A agência passou a se chamar Lara, Stalimir, e tocamos em frente.

A Prax não tinha nenhuma ingerência na agência; também não havia conflito nem competição com a W/Brasil. Parecia tudo certo, mas ainda faltava uma coisa para ficar perfeito.

* * *

ARUBA

Campanha: "Aruba é do Caribe."

A Lara, Stalimir funcionou durante um ano. Eu me casei com Bia em novembro de 1991 e fiquei 45 dias em lua de mel. Quando voltei, Stalimir me disse que preferia se separar e continuar sozinho. Cheio de responsabilidades, com contas a pagar, eu tive de enfrentar aquilo.

Eu me dava bem com o Stalimir. Fizemos um acordo amigável, combinamos que iríamos desfazendo o negócio aos poucos. Eu levaria três clientes: Aruba, Club Med e a Embratur.

Eu precisava de um novo sócio. Procurei o Francisco Madia de Souza, da Madia & Associados, empresa de consultoria de empresas de comunicação. Numa época em que os profissionais cada vez mais saíam do emprego, se aventurando, desbravando, empreendendo, ele desenhava as novas agências. Madia foi quem havia ajudado o Washington a criar a W/GGK.

– Eu conheço um criativo muito bom que pode se interessar em fazer negócio com você – ele me disse.

Madia falou então de Jaques Lewkowicz, com quem por sinal eu já tinha conversado. A Stella Rubio, minha amiga e comadre desde a Paulistur, casada com o James Rubio, tinha trabalhado como diretora de atendimento na agência SLBB, onde o conheceu. Stella fez muitos casamentos, inclusive o meu, porque me apresentou a Bia, minha mulher, e sem saber deu início a um outro grande encontro.

Em maio de 1992, eu e a Bia tínhamos jantado na casa da Stella e do James, e lá estava o Jaques. Porém não falamos de trabalho. Logo depois, quando o Madia mencionou o nome dele, foi um estalo.

Jaques iniciou sua carreira como diretor de arte na Delta Propaganda em 1969. Passou pelas agências Lince, Salles, Caio e McCann, antes de chegar à Ogilvy. Pela Caio, fez campanhas memoráveis, como a dos cigarros Vila Rica, em 1974, com Gerson, jogador da seleção brasileira e campeão da Copa do Mundo quatro anos antes. Dizia que o cigarro podia ser bom, mesmo sendo mais barato e celebrizou o *slogan* "Gosto de levar vantagem em tudo, certo?". A campanha, desenvolvida com José Monserrat Filho, foi um sucesso estrondoso, virou um *case* de análise comportamental do brasileiro e popularizou a "Lei de Gerson", usada ora para legitimar, ora para criticar quem se aproveita de qualquer situação.

No início dos anos 1980, já na Ogilvy, Jaques estava na campanha "Shell responde", com Clóvis Calia, Heitor Feitosa e José Fontoura da Costa, apontada em enquete feita pelo *Meio & Mensagem* em 2018 como uma das quarenta campanhas de maior impacto da história da publicidade brasileira. Outro de seus grandes sucessos na Ogilvy foi "Pense em você amanhã, exija Orloff hoje", de 1984, defendendo que vodca boa não dá ressaca e criando a expressão popular "efeito Orloff" – usada pelas pessoas para dizer que tudo que se faz tem consequência. Dele também foi outra campanha de imenso sucesso para a Lee, marca de jeans: "Não é a Lee que é diferente, as outras é que são iguais".

Entre 1982 e 1988, Jaques tinha sido vice-presidente de criação da Ogilvy. Porém, criativo corajoso que era, em vez de ficar naquela posição já conquistada, foi ser sócio da SLBB com Samuel Schwarz, uma referência em marketing no Brasil, por ter trabalhado longo tempo como diretor da indústria de brinquedos Estrela. Havia mais dois sócios investidores, que vinham da indústria de tecelagem: Benjamin Steinbruch, um dos herdeiros da Vicunha, antes de ficar mais conhecido como o homem da siderurgia; e André Brett, dono da Vila Romana.

Além de diretor de arte brilhante, Jaques era um descobridor de talentos. Na SLBB, Celso Loducca começou a carreira, que mais tarde abriu também sua própria agência, com muito sucesso. Eu brincava com o Jaques que a SLBB era um "kibutz" criativo.

Na SLBB, Jaques criou campanhas maravilhosas para as empresas dos investidores da agência: Vila Romana, Emporio Armani e Vicunha. Porém, embora gostasse muito de Benjamin e de André Brett, não estava feliz. A agência, da qual Samuel Schwarz saiu logo no começo, era vista como uma *house* da Vicunha e da Vila Romana. Isso incomodava Jaques; ele queria fazer outras coisas, crescer.

Na Lara, Stalimir, eu já tinha ganhado um dinheirinho. Sempre fui muito seguro, mas não tinha ainda recursos para montar uma agência. Mesmo assim, naquela época, aos 47 anos de idade, consagrado depois de trabalhar nas maiores agências do Brasil, Jaques ainda era capaz de se lançar numa aventura. Tinha deixado a Ogilvy para se arriscar na SLBB e depois, mesmo sem o lastro de um Benjamin Steinbruch e de um André Brett no negócio, topou se arriscar de novo, com um sócio dezoito anos mais jovem, para abrir outra agência.

Assim nasceu o sonho de termos uma agência juntos, mas ainda não sabíamos como isso poderia se concretizar – muito menos que iria dar tão certo.

* * *

O começo dos anos 1990 ainda foi de muita turbulência. Em março de 1990, aconteceu o choque do Plano Collor. Da noite para o dia, ao assumir, Fernando Collor sequestrou o dinheiro das pessoas, deixando todo mundo com 50 cruzados no banco; quando ele devolveu o dinheiro, em 1992, já estava sofrendo o processo de *impeachment*, em razão das denúncias de corrupção que envolviam seu tesoureiro de campanha, Paulo César Farias.

O país parava aos sábados, quando saía a revista *Veja*, para saber se Collor cairia naquela semana ou na seguinte. As revelações do irmão dele, Pedro Collor, e a investigação da imprensa sobre as atividades de PC Farias, que mais tarde foi assassinado, iam minando o governo. Fernando Collor renunciou em 29 de dezembro de 1992, antes de ser condenado pelo Senado Federal por crimes de responsabilidade. Ele tentou evitar o processo de *impeachment*, entregando o cargo ao vice-presidente Itamar Franco. O Senado, no entanto, continuou o processo e o condenou à perda do mandato e à inelegibilidade por oito anos.

Nesse cenário de incerteza absoluta, a gente queria fazer, começar algo novo, o que é fascinante. Havia um certo romantismo e ao mesmo tempo uma força positiva no mercado; havia talentos criativos dispostos a se arriscar e a sair do emprego em grandes agências para empreender.

Aquela fase foi difícil também para os veículos. Certa noite, encontrei Roberto Civita, editor de *Veja* e sócio da Editora Abril, quando fui jantar com a Bia e meus sogros, Sônia e Wilson Quintella, no restaurante Massimo, em São Paulo.

– Eu vim me acertar com banqueiros, Luiz – ele me disse. – Eu não tenho mais nenhum recurso: se não me acertar com banqueiros, a Abril acabou. Mas vou abrir uma nova revista.

Dois anos mais tarde, em 1994, eu o encontrei de novo.

– Comprei um apartamento na Rua Escócia – disse. – É o único bem que eu tenho. O resto é a Abril. E está toda endividada.

Ele não estava preocupado com o dinheiro, mas sim em fazer coisas. No fundo, tínhamos certeza de que tudo ia dar certo. Collor fez a abertura do mercado – daquele jeito atabalhoado, mas fez. Os produtos importados estavam chegando; além de aumentar a oferta e a variedade de produtos, obrigavam também as empresas brasileiras a melhorar.

Tínhamos elegido o primeiro presidente depois de trinta anos de regime militar, com a confiança da juventude e de que aqueles obstáculos faziam parte de um processo penoso, mas que levaria a uma situação muito melhor. O *impeachment* de Collor foi um grande teste da democracia brasileira, que mal acabava de renascer, mas provava que ela tinha força. No movimento das ruas contra Collor, feito em grande parte pelos estudantes, havia o vigor de uma juventude que acreditava no Brasil.

No lugar de Collor, assumiu o vice-presidente, Itamar Franco, visto como um político provinciano, instável, meio louco. Ainda assim, com todas as dúvidas e dificuldades, o país estava em transformação. O consultor Stephen Kanitz escrevia uma coluna na revista *Exame* chamada "O Brasil que vai dar certo", mostrando um cenário positivo. A gente acreditava. Sentíamos que estávamos na liderança daquele processo e que a gente podia e estava mesmo mudando o país. Isso também nos jogava para a frente.

No meio de tudo isso, a gente precisava de dinheiro para começar a agência, ao mesmo tempo que eu encerrava a Lara, Stalimir. Eu e Jaques não tínhamos recursos para isso. Cheguei a conversar com Benjamin Steinbruch, que me propôs ir para a SLBB. Eu e Jaques, porém, preferíamos nos arriscar sozinhos. Então, Madia de Souza, padrinho daquele encontro, veio com a solução:

– Eu tenho um investidor.

* * *

O empresário Rodrigo Sá Menezes, criador da Propeg, agência muito forte, que nasceu na Bahia em 1965, destacou-se muito no estado. Naquele momento, ele tinha de solucionar um problema: fazer um de seus clientes, o Banco Econômico, crescer no Brasil.

Havia muitas gerações, o Econômico estava nas mãos da importante família Calmon de Sá. Dela saíram muitos quadros para o governo, desde o Brasil Império. Ângelo Calmon de Sá, banqueiro, tinha sido ministro de Fernando Collor. A Propeg era forte na Bahia, mas não tinha presença em São Paulo, onde o Econômico estava entrando, abrindo várias agências.

O Madia nos apresentou ao Rodrigo Sá Menezes, inicialmente como um parceiro para atender o Econômico em São Paulo. Porém ele gostou tanto da ideia que quis entrar como sócio, investindo na agência. Assim nasceu a Lew'Lara Propeg, desenhada pelo Madia. Tudo aconteceu entre junho e agosto de 1992. Fizemos muitas reuniões para estruturar a agência, que construímos ao mesmo tempo que eu encerrava a Lara, Stalimir.

Imagine o sufoco que passei.

A agência foi lançada em setembro de 1992. A Propeg, que bancou o negócio, tinha 70% de participação; eu e o Jaques, 15% cada um. Rodrigo Sá Menezes trouxe a conta do Econômico. Eu, a do governo de Aruba e a da Embratur. Jaques, da Wickbold, para a qual tinha criado um bordão memorável ("pão, pão, pão..."), que está na memória auditiva e afetiva das pessoas até hoje, e da Lovable, uma marca de *lingerie*.

Passei por um período muito difícil para chegar até ali, com muitas sociedades feitas e desfeitas, uma instabilidade muito grande. Num período muito curto, de 1987 a 1992, dos meus 25 aos 29 anos, saí da Embratur para a Almap Promoções; da Almap Promoções para a Doria, Lara & Associados; depois para a Doria, Lara, Stalimir; então para a Lara, Stalimir e, por fim, a Lew'Lara Propeg.

Em comum, o que tudo isso tinha era eu. Os sócios mudaram, mas o número do CNPJ era sempre o mesmo – e continuou o mesmo até 2007, quando eu e o Jaques vendemos a agência, que continuamos a dirigir, para a TBWA.

4

CRESCENDO COM O CLIENTE

Para mim, a trajetória até a criação da Lew'Lara foi um exercício contínuo de superação, num período muito turbulento da política e da economia brasileiras. Por que fazer tanta coisa no meio de tanta confusão? Por uma só razão: eu tenho uma veia empreendedora, gosto do risco.

Ainda assim, tudo foi muito sofrido. Todo empreendedor vai se fazendo no caminho; eu não tinha a menor ideia aonde iria chegar.

Eu queria crescer, ser relevante, um dos grandes do mercado. Nunca abandonei o sonho. Sempre acreditei que ia dar certo.

Nunca fui o "príncipe", como o Washington Olivetto, que por sinal não era príncipe sozinho – trabalhavam com ele Nizan Guanaes, Camila Franco, Alexandre Machado e outros grandes talentos nas diversas áreas das agências. Como um atacante rompedor, entrei no negócio pela porta dos fundos, na atividade do marketing promocional, numa época em que a área não era tão valorizada quanto a propaganda; só hoje, graças ao trabalho de muitos profissionais, é que se dá mais importância à experiência.

Fui me aperfeiçoando nesse caminho. Sou um vendedor nato e com o tempo pude desenvolver minha capacidade de falar, de sintetizar e editar as ideias. O *timing* de cativar sempre foi da minha personalidade: capto muito bem o ambiente onde estou e sei me colocar. Sempre tive com as pessoas uma natural empatia, no sentido de me ver dentro dos sapatos do outro.

Acima de tudo, sou capricorniano: muito persistente. Não foi por acaso que fizemos na Lew'Lara a campanha *pro bono* "Eu sou brasileiro, não desisto nunca", criada pelo redator Adriano Gehres, que viabilizei voluntária e gratuitamente para a Associação Brasileira de Anunciantes (ABA), em 2004. Antes de nenhum outro, esse brasileiro sou eu.

O começo da Lew'Lara Propeg também não foi tranquilo. Primeiro segredo: persistência, teimosia. Segundo segredo: sempre acreditei no nosso taco, na criatividade, na capacidade que tínhamos de vender grandes ideias.

Para que criar uma empresa? Para conquistar clientes. Desde a Almap Promoções, até hoje, o que me levou adiante foi exatamente a crença na força das ideias. São elas que permitem às marcas vender, dar um salto, conquistar mercado, desenvolver categorias de produtos e serviços e se conectar com o consumidor.

Sempre acreditei nisso e continuo acreditando. A Doria, Lara, Stalimir não era uma grande agência, era mais uma butique criativa; a Lew'Lara, com a Propeg, começou com somente quatro clientes, pequenos, difíceis. Porém, tínhamos certeza de que o Jaques, com toda a sua experiência, muito maduro, e eu, com minha ansiedade e meu apetite de negócios, faríamos uma agência muito equilibrada entre planejamento e criação.

Deu liga.

* * *

A primeira sede da Lew'Lara Propeg foi na Rua Sansão Alves dos Santos, no Brooklin, perto do antigo edifício da Editora Abril, que ficava na mesma rua, na parte em que ela ganha outro nome: Geraldo Flausino Gomes. Saímos praticamente da estaca zero. Ninguém grande em propaganda iria apostar numa agência pequena. A única saída, então, era encontrar clientes pequenos, ou que ainda nem eram clientes de propaganda, fazê-los crescer e crescer com eles.

Por isso, enquanto todo mundo olhava para a Antarctica e a Brahma, cervejarias que disputavam o mercado com campanhas maciças de publicidade, fomos olhar em 1994 a conta do Grupo Schincariol, do seu Nelson Schincariol, uma marca de cerveja de Itu. Eles ainda não eram anunciantes. Para nós, no entanto, isso era uma oportunidade: eles tinham que aparecer mais. Entramos na concorrência, e foi nossa primeira grande conquista.

Ao saber que eu também era de Itu, onde minha família sempre teve fazenda, o seu Nelson certamente gostou. Criou-se uma certa confiança, muito importante para o plano ousado que apresentamos. A mídia de que a gente precisava para concorrer com os pesos-pesados daquele mercado era grande; seu Nelson teve que acreditar em nós.

– Vocês estão propondo que eu gaste em publicidade o valor de uma fábrica nova – ele me disse, quando conquistamos a conta.

– Mas com isso o senhor vai criar um valor para a sua marca que no futuro vai fazer uma diferença ainda maior – respondi.

A Schincariol era como a Frankel: apenas uma indústria. O seu Nelson nunca tinha investido em comunicação. De saída, atuamos para mudar o nome de Schincariol para Schin, uma campanha muito marcante na época, com o mote "pra bom bebedor, meia palavra basta: peça Schin", ideia do Jaques e da equipe dele. Conseguimos com isso transformar a marca em Schin, mais fácil de falar e de lembrar, para fazê-la crescer. Mudávamos o negócio na prática, abrindo caminho para o grande mercado.

A comunicação produziu uma transformação em toda a empresa, com um planejamento conjunto. Foi preciso incrementar a distribuição, para atender ao aumento da demanda, em função da publicidade. A Schin tinha uma fábrica enorme em Itu, com capacidade para produzir 11 milhões de hectolitros de cerveja. Em 1997, abriu outra fábrica em Alagoinhas, na Bahia.

Num mercado dificílimo, com pesados concorrentes, o *market share* da companhia cresceu de 4,6% em 1994 para 11,2% em 2002 – o que, tratando-se de cerveja, é uma enormidade. Cada ponto de participação no mercado significa milhões de hectolitros a mais de produção e distribuição.

Transformamos um não anunciante num grande anunciante. Criamos o cliente, desenvolvemos esse cliente; ele cresceu, e com ele a agência cresceu também. Foi assim também com outros clientes que cresceram conosco e viraram gigantes, como a Natura e a TIM.

Crescer junto traz o mais importante para a relação entre agência e cliente: confiança. Agências e marcas precisam atuar de forma conjunta e transparente. Existem exemplos clássicos dessa parceria na propaganda brasileira, como a da Volkswagen com a Almap, a do Itaú com a DPZ, a da Claro com a Talent, da Unilever/Dove com a Ogilvy. Outro caso foi o da Lew'Lara com a Friboi.

SCHINCARIOL

Campanha: "Para bom bebedor, meia palavra basta. Peça Schin."

São histórias de anos, casamentos em que a agência é cogestora da marca. A relação de confiança entre agência e cliente é que permite a ousadia. Não nascem grandes ideias sem isto: ousar.

* * *

Já trabalhávamos no desenvolvimento das campanhas da Schin quando surgiu a oportunidade de criar outro cliente, uma marca até então absolutamente desconhecida no Brasil. Como a gente havia atendido a Zarty, rede de lojas de eletroeletrônicos de Mauro Zucato, ex-diretor comercial da Gradiente, ele nos abriu a porta para uma marca finlandesa cujo nome a gente nem sabia pronunciar: escrevia-se Nokia, falávamos "Nokía", e a comunicação ensinaria o certo, "Nókia".

Zucato teve muito sucesso muito jovem. Foi personagem de capa da revista de negócios *Exame*, como o homem de confiança de Eugênio Staub na área comercial da Gradiente. Abriu essa rede de lojas nos shoppings e, por causa de sua grande *expertise*, era referência na área de eletroeletrônicos. No final de 1994, fizemos para ele uma campanha de varejo, deixando claro que a Zarty era uma loja especializada, com um atendimento diferenciado para quem queria mergulhar no mundo dos eletrônicos, do jeito que ele precisava.

Por causa de sua alta capacidade, Zucato era procurado por todas as marcas, então, apareceu a Nokia para ser parceira da Gradiente. A Nokia faria os celulares da Zona Franca de Manaus e os aparelhos seriam distribuídos pela Zarty. O presidente da Nokia no Brasil, Edward Fernandes, pediu a Zucato a indicação de uma agência para atender a conta de publicidade da Nokia, e ele apontou a Lew'Lara. É a prova de que o bom trabalho para um cliente é a melhor forma de prospecção: ao construir um *case* de uma marca, você é indicado para outra.

Quando Zucato nos falou do lançamento do celular "Nokía", a gente perguntou: "É coreano?". "Não, é finlandês." Apenas imaginávamos onde ficava a Finlândia. Para nós, porém, era uma chance de pegar alguém completamente desconhecido e fazê-lo conhecido.

NOKIA

Campanha: "Nokia. O mundo todo só fala nele."

NOKIA

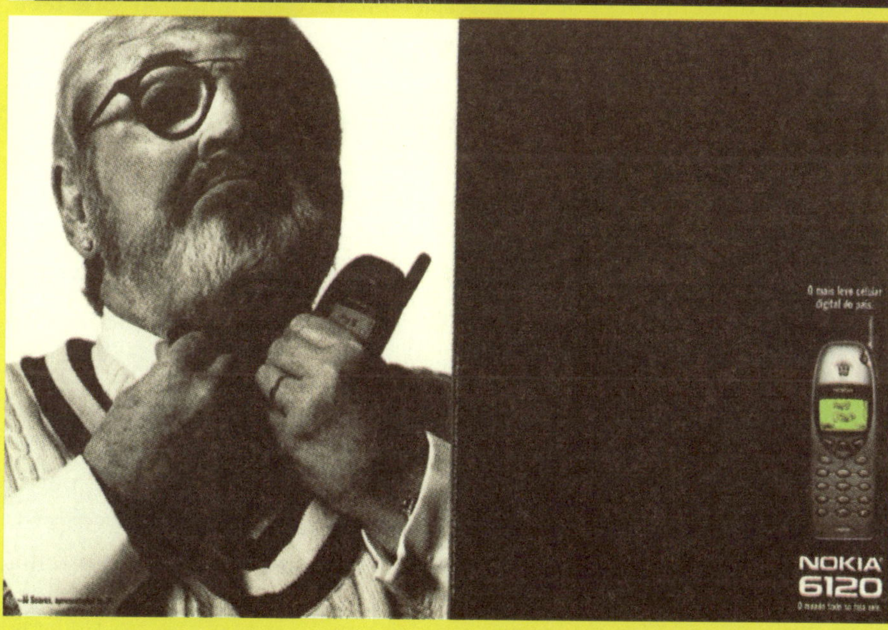

Campanha: "Nokia 6120. O mundo todo só fala nele."

Participamos da concorrência e ganhamos. Começamos a trabalhar com a Nokia desde a sua entrada no Brasil, em 1995, até 2007. Nesse período, foi um cliente muito importante. Nesses doze anos, fizemos a empresa se tornar um grande anunciante e líder no mercado de celulares no Brasil.

Foi uma mudança radical para a empresa, para nós, para o mercado e para toda a comunicação. Até meados dos anos 1990, quando começaram as vendas de aparelhos celulares no país, ainda se usavam somente as linhas fixas, que vinham de um mercado fechado, dominado por empresas estatais, detentoras do monopólio da telefonia no Brasil. O número de linhas não era suficiente para a demanda, o telefone fixo custava caro e a linha tinha de ser comprada das teles, as estatais de telefonia. As pessoas compravam a linha, que vinha junto com um aparelho, e a declaravam no Imposto de Renda como um bem, e não como um serviço.

Naquela época, celular ainda era um objeto de desejo: havia uma fila de 1,5 milhão de pessoas esperando para comprar. Os primeiros celulares do mercado foram os da Motorola, que tinha um modelo *flip*, de muito sucesso, o Startac, lançado em 1996.

Apesar da demanda por celulares, a vida da Nokia aqui não seria fácil: a Finlândia, além de ser quase tão desconhecida dos brasileiros quanto a marca, não tinha tradição em produzir aparelhos eletrônicos, como os norte-americanos e os japoneses. A Nokia fazia modelos maiores, que fugiam à tendência do celular da moda, tipo *flip*. A empresa, porém, segmentava mais seus produtos: tinha aparelhos mais caros, mas também tinha os mais baratos.

Em 1996, o mercado de repente se abriu. O presidente Fernando Henrique fez passar no Congresso Nacional a lei das privatizações. Seu braço direito na articulação com o Congresso, o ministro das Comunicações, Sérgio Motta, comandou a privatização das teles. Foram leiloadas as bandas de transmissão de aparelhos celulares, divididas por região. A primeira tele a ser privatizada foi a Telesp Celular, em São Paulo, vendida para a Portugal Telecom, que depois virou a Vivo; veio também a BCP, empresa americana da Bell South, que ficou até 1999; veio a TIM, Telecom Italia, e então chegou a Oi.

Com a privatização, o mercado de celulares no Brasil explodiu. Aquela fila de 1,5 milhão de pessoas virou uma venda para 10 milhões de pessoas.

O brasileiro sempre adorou se comunicar, e assim começou uma febre de comprar celular que continua até o ponto em que estamos hoje. O Brasil passou a ter uma média de dois celulares para cada pessoa.

Fizemos grandes campanhas e conquistamos o mercado. Assim como no caso da Schincariol, que virou Schin, "pra bom bebedor, meia palavra basta", criamos um conceito: "Nokia: o mundo todo só fala nele". Colocamos como primeiro garoto-propaganda o Pelé, com quem fizemos um filme antológico, de um minuto, muito premiado.

O filme mostra toda a trajetória do rei até virar fenômeno do Santos e da seleção brasileira, desde Bauru, com ele jogando no gol, chamado de "Bilé" pelo pessoal. "Meu nome é Edson, não é Bilé!", ele reclama no filme, como reclamava na infância. Embarca na estação de trem em Bauru, vai para Santos e vira fenômeno, no Santos e na seleção brasileira. O filme termina com ele num trem da Europa e uma holografia, como uma inteligência artificial, e a locução: "A Nokia não pode adivinhar o futuro, mas já sabe como você vai se comunicar". Por fim, a assinatura da campanha: "Nokia: todo mundo só fala nele".

Com o sucesso do filme do Pelé, contratamos o piloto Rubens Barrichello, que então estava na Ferrari e era o principal brasileiro na Fórmula 1. Fizemos um filme também marcante da vida dele. A partir de 1998, a Nokia se transformou em patrocinadora das transmissões da Fórmula 1 nos domingos pela manhã, que geravam 25 pontos de audiência, além da entrega de mídia em toda a programação da TV Globo.

Seguimos na campanha com outras personalidades, como o apresentador e humorista Jô Soares; os atores Rodrigo Santoro e Luana Piovani, que na época eram namorados; o músico e instrumentista Hermeto Paschoal; a dupla Sandy & Júnior, entre outros.

A Nokia começou a fazer parcerias com as operadoras de telefonia móvel: Portugal Telecom, BCP, TIM, Oi. Vendia muito e começou a aumentar também o investimento em comunicação. A Schin e a Nokia deram envergadura para a agência. Crescemos com as empresas dos clientes e enfrentamos também as dores do crescimento, meio atabalhoado por causa de sua rapidez vertiginosa.

* * *

Em 1996, mudamos a sede da agência para um predinho de quatro andares na Rua Coronel Joaquim Ferreira Lobo, na Vila Olímpia. Nesse mesmo ano, desfizemos o acordo com a Propeg. Dois anos antes, o Econômico havia sofrido uma intervenção do Banco Central, cujo presidente, no governo Fernando Henrique, era Pérsio Arida. Antônio Carlos Magalhães, o papa da política baiana, foi ao BC e ameaçou bater no Arida, por ousar mexer com um banco da Bahia. Não adiantou. O Econômico desapareceu de São Paulo. Sofreu um processo de liquidação e seus ativos foram vendidos para o Banco Excel. Depois foi novamente vendido para o BBVA e, finalmente, para o Bradesco.

Não havia mais sentido termos a Propeg como sócia, porque todos os demais clientes tinham sido trazidos por nós dois, Jaques e eu. Desfizemos o acordo, algo muito costurado até 1996 com o Rodrigo Sá Menezes e o Otto de Barros Vidal, que conheci na Almap e estava na Propeg. Eu e Jaques tivemos que pagar a parte deles, que era a maior, e por causa disso nos endividamos de novo.

Fomos amortizando as dívidas, porque tínhamos receitas, já éramos uma agência média. Porém nos sacrificamos. Em 1996, não tirei um mês sequer de salário durante o ano inteiro. A agência crescia, mas precisava se estruturar melhor. Ainda não tínhamos caixa para investir em tudo que precisávamos, sobretudo em tecnologia, que era importante, e em mais talentos – isto é, em mais força criativa –, num tempo em que os salários da propaganda eram muito altos. Era importante também investir mais em planejamento e em pesquisa de mídia, para nos tornarmos mais relevantes.

Ao mesmo tempo, começou o assédio de algumas agências multinacionais que nos procuravam querendo comprar ou se associar à Lew'Lara. Jean-Marie Dru, *chairman* da TBWA, foi um dos que fizeram uma sondagem. Eles já tinham a gente no radar desde 1996, quando Dru mandou um sócio da BDDP vir falar comigo, mas o contato não tinha ido adiante.

Outra agência multinacional a nos procurar foi a Leo Burnett. Jaques e eu, a princípio, ficamos animados, mas descobrimos, no meio do caminho, que eles na verdade não queriam comprar a Lew'Lara, queriam o Lew e eu como executivos da Leo Burnett. Não tínhamos a intenção de nos desfazer da agência. Era a teimosia: apesar de termos as dívidas de um lado, e a necessidade de investir de outro, permanecia a crença inabalável de que estávamos no caminho certo, de que íamos crescer e de que poderíamos dar conta de tudo sozinhos.

Nesse momento, Javier Llussá Ciuret e Washington Olivetto me procuraram. Eu já havia feito com eles, lá atrás, uma sociedade por meio da holding Prax. Quando deixei a Lara, Stalimir, em 1992, continuaram com Stalimir como sócio.

– Não vendam para uma multinacional, vocês vão acabar destruindo o negócio – disse Javier.

Ele viu como estava o faturamento, disse que conhecia a gente, que íamos crescer como a W/Brasil, e que queriam investir em mais agências.

– Se quiserem preservar a Lew'Lara, vendam um pedaço para nós – ele disse. – Diferentemente da multinacional, não interferimos no negócio. E a gente paga em *cash*.

A Prax ficaria com 40%; eu e o Jaques, com 30% cada um. Fui falar com Jaques.

– Achei um sócio que vai ser minoritário, não vai interferir no nosso trabalho, vai preservar nossa independência e investir na estrutura da agência, além de dar um fôlego no seu bolso e no meu.

Em 1997, eu tinha 35 anos. O Jaques, 53. Estávamos fazia um ano sem retirar salário. Eu estava começando a vida: era recém-casado, tinha uma filha. Meu sogro tinha me dado um apartamento, eu conseguia viver bem, mas, por ser pai, precisava de dinheiro. Jaques, com filhos adolescentes, também. Era a venda de uma empresa brasileira para uma empresa brasileira, o que minimizava possíveis dificuldades. Ele topou.

O relacionamento com a Prax estava bem definido. Eles podiam ajudar na gestão, mas a decisão final sempre seria nossa. Havia também uma separação total da W/Brasil, em todos os sentidos.

– Não esperem conta de cliente – disse Javier. – Quem procura o Washington Olivetto não quer outra loira.

Cumpriram a palavra: contribuíram, sobretudo na gestão, principalmente com meu irmão Fernando Lara, que era nosso diretor financeiro associado, porém sem nunca interferir em nossas decisões. Aquele dinheiro foi importante para a estruturação da agência. Deu para quitar as dívidas, para investir e ainda sobrou.

A Schin estava crescendo muito, a Nokia também. Aruba era outro sucesso: iam 50 mil brasileiros para lá, em média, por ano. A agência cresceu ainda mais. Contratamos profissionais. No ano 2000, tínhamos 90 pessoas na Lew'Lara.

Era o começo de um novo grande salto.

* * *

A Lew'Lara cresceu nesse contexto Brasil. A partir da metade dos anos 1990, o país se modernizou muito. Depois de lançar o Plano Real, ainda como ministro da Fazenda de Itamar Franco, quando eleito presidente, Fernando Henrique promoveu a política de privatizações que foi importante para a abertura dos mercados e deu grande impulso a muitos setores, especialmente o de telecomunicações – tanto que alguns dos nossos maiores clientes foram a Nokia e depois a TIM. A Nokia foi líder do mercado de celulares no Brasil até 2007, quando começou a ser superada pela invenção do *smartphone*.

O regime democrático, a estabilização econômica e o progresso foram resultado do esforço de toda a nossa geração. Contribuímos muito. O Plano Real, que estabilizou a moeda, foi bem planejado por Pérsio Arida e André Lara Resende e bem executado por todos, que fizeram daquele um time vencedor. Na implantação, Nizan Guanaes teve um papel importante, com uma campanha para explicar à população o que ia mudar e para obter apoio da opinião pública. Sem isso, o Real não teria funcionado.

A estabilização da economia foi consistente porque veio acompanhada pelo controle nas contas do governo, com a aprovação da Lei de Responsabilidade Fiscal. Dessa forma, o Plano Real, como aquele conjunto de ações, mudou a vida da minha geração e também a dos nossos filhos. Minha filha Ana Teresa nasceu em 1994, ano do Real, e nunca viu restrições impostas por uma ditadura, tampouco inflação, como nós conhecemos. Os mais jovens não têm noção de como era viver num grau de incerteza como aquele.

A liberdade permitiu grandes avanços. A partir da estabilidade econômica, surgiram mercados até então inexistentes. O caso mais evidente é o dos celulares. No passado, não havia a despesa do serviço de celular nas famílias brasileiras de classe alta e média. Surgiu primeiro o celular pós-pago; depois, o pré-pago, que limitava a despesa ao que tinha sido colocado como crédito, e veio atender as classes C, D e E.

Para todos, o celular deu uma sensação de liberdade e independência. Hoje em dia, os jovens não fazem questão de ter um carro, que era um símbolo de liberdade no século XX, mas todos têm um celular.

Desde que a America Online despontou como a primeira grande empresa de internet, prometendo expandir o uso da rede pela população, a explosão da comunicação digital pelos computadores e depois pelo *smartphone* criou novos anunciantes importantíssimos para o mercado publicitário, os quais tomaram conta da TV, dos jornais, revistas e rádios. A mídia na internet, que era ainda incipiente, cresceu muito e passou a ocupar o seu lugar.

Assim como a internet evoluiu desde a linha discada, nos anos 1980, a comunicação cresceu de forma geral. A publicidade está umbilicalmente ligada à economia e ao movimento social; a explosão de agências nas décadas de 1960 e 1970, assim como das revistas, jornais e sobretudo da televisão, aconteceu novamente, em novas condições. As agências brasileiras prosperaram. O trabalho que fizemos para Schin e Nokia foram as grandes vitrines da agência naquele início; permitiu à Lew'Lara despontar no mercado, amortizar a dívida com a Propeg, fazer parceria com o Grupo Prax e investir de maneira a crescer.

O que não mudava era a forma de trabalho. A relação que a gente construía com o cliente era muito importante. A agência precisa se colocar como parceira, gostar do negócio, vestir a camisa do cliente, estar realmente ao lado dele. Por essa razão, sempre criei laços afetivos com as marcas e com as pessoas que trabalham para elas. Esse envolvimento sempre foi muito pessoal, e já trazia naquele tempo muita satisfação e resultados.

Nas apresentações para trazer novos clientes, íamos sempre juntos, eu e o Jaques, que era uma pessoa muito cativante. Nossa parceria era muito equilibrada: éramos diferentes, mas complementares: eu, ansioso e acelerado; o Jaques, sereno; eu, focado no atendimento e no planejamento; ele, na criação. Ambos éramos um pouco anárquicos. O Jaques tinha uma sabedoria e um humor judaicos muito próprios. Sempre nos preocupamos em ter na agência um ambiente divertido, alegre, para florescer talento.

Ali no início já despontavam profissionais como Sergio Valente, Aaron Sutton, Leandro Castilho, Átila Francucci, Alê Grynberg, Maristela Patti Correa, Luiza Fontes e Maribel Soares, que menciono aqui em nome de todos que acreditaram e vieram trabalhar conosco.

Éramos também muito dedicados. Eu era, ainda sou, um *workaholic*: entrava às nove da manhã e saía às nove da noite. Jaques chegava às sete e meia da manhã e saía às sete da noite. Nunca fomos muito vaidosos: ali a postura não era de gênio, mas de trabalhador.

Honestamente, não tínhamos como ser estrelas, porque começamos do chão. Não éramos multinacionais, não nascemos com marcas globais, como Unilever, Procter & Gamble, Coca-Cola. A Schin era um sucesso, mas, quando iniciamos nosso trabalho, ela nem era anunciante. Nokia, então, ninguém sabia o que era. Aquilo começou também a chamar a atenção. Na época, um jornalista de propaganda, o Rafael Sampaio, da revista *About*, me disse:

– Lara, vocês criam clientes.

– A gente não tem; quem não tem, precisa inventar.

A concorrência das grandes contas ainda era muito dura. A W/Brasil era um fenômeno; a AlmapBBDO, com Marcello Serpa e José Luiz Madeira, também; a DM9 começava a crescer, sob a batuta do Nizan Guanaes, do Affonso Serra e do Guga Valente; a Ogilvy, do Sérgio Amado, também estava no auge. No meio dessa gente, procurávamos um jeito de entrar para a Primeira Divisão. Então, tínhamos de levar o ego na sola do sapato.

Ainda tínhamos só dois grandes clientes – e isso porque pegamos dois anunciantes inexistentes e os transformamos em grandes anunciantes. Aí, no entanto, o Banco Bandeirantes entrou. Ainda não sabíamos, mas estava se abrindo outra grande porta.

* * *

Eu tinha começado minha vida empresarial na Almap, com o Alex Periscinoto; o Jaques tinha trabalhado na Ogilvy, ganhado prêmios, era vice-presidente de criação; nunca perdi de vista, porém, que começamos nossa agência com apenas quatro clientes, catando pedra, sendo que logo perdemos um deles – o Banco Econômico – e, com ele, a Propeg, um sócio.

Com essa postura de humildade, de parceria, ganhamos a conta do Bandeirantes, um banco de tamanho médio, mas que foi um bom cliente. Nas concorrências, em que são convidadas três ou quatro agências, você precisa desenvolver a estratégia de comunicação e apresentá-la ao cliente. São disputas muito acirradas, competitivas, e ganha a melhor proposta. Como sempre, a diferença foi a estratégia criativa e a empatia na relação com o Gilberto Faria, dono do banco, com o Wilson Levorato, vice-presidente, e com o Marcelo Giannubilo, diretor de marketing. Fizemos boas campanhas para eles, até que o banco foi colocado à venda. Aquela experiência, no entanto, nos credenciou a um passo maior.

Em 1998, ano muito importante e muito difícil, conquistamos pela primeira vez uma conta grande, de um cliente que já era grande: o Banco Real. O doutor Aloysio Faria, médico de formação, uma lenda do capitalismo brasileiro, criou o Real da sua parte no Banco da Lavoura, deixado a eles por seu pai. Tinha uma *house agency* dentro do banco, chamada Itaipava. Porém, Aloysio Faria tinha acabado de vender o banco para o ABN AMRO, instituição holandesa. Foi nomeada uma nova diretoria, cujo presidente era Fábio Barbosa, que tinha como diretor de marketing Fernando Byington Egydio Martins. Fábio decidiu fechar a *house agency*, fazer uma concorrência e, com uma campanha, criar um novo posicionamento para o banco.

O Banco Real tinha um produto, a caderneta de poupança, com clientes de mais idade, mais conservadores nos seus investimentos. Por iniciativa de Fábio e de Fernando, criou-se o Prêmio Banco Real de Talentos da Maturidade. Ele incentivava pessoas da terceira idade a se mostrarem ativas: para o prêmio, as pessoas inscreviam poesias, esculturas, pinturas, como formas de manifestação artística.

Ganhamos a conta do Banco Real e criamos, em 1999, a primeira campanha para o Prêmio Talentos da Maturidade, que foi marcante, com dois filmes, comparando cenas de pessoas de quando eram crianças, e depois mais velhas. A música era uma versão brasileira de *When I'm sixty four*, de Ringo Starr, que está no disco dos Beatles *Sgt. Pepper's Lonely Hearts Club Band*. Foi um sucesso – e um abre-alas para esse cliente.

Na sequência, fomos responsáveis pela campanha maior, que era a do posicionamento do banco. Perdoe-me pela falta de modéstia nesse caso, mas a campanha foi memorável: "O banco da sua vida".

Lançamos a campanha com o novo posicionamento do Banco Real em 2000, com a música "O que é, o que é?", do Gonzaguinha, cuja letra todo mundo conhece:

Viver e não ter a vergonha de ser feliz
Cantar e cantar e cantar
A beleza de ser um eterno aprendiz

Ah, meu Deus, eu sei, eu sei
Que a vida devia ser bem melhor e será
Mas isso não impede que eu repita
É bonita, é bonita e é bonita

Fizemos cinco filmes, mais mídia impressa, mídia exterior e rádio, mostrando como o cliente Real tinha seus sonhos e projetos de vida viabilizados pelo banco.

Além do Fábio Barbosa e do Fernando Egydio Martins, o Banco Real tinha uma equipe excepcional na área de marketing, com Paula Nader, Fabio Pando, Eduardo Braz, Fernanda Ethel, Mario Hollaender, Dilson Motta, entre outros. Na Lew'Lara tínhamos um timaço, liderado pelo Márcio Oliveira: Hamilton Leão e Renata Rocco no atendimento; Julinho Vieira e Adão Casares na mídia; Paulo Levi, Debora Nitta, Duda Kertész, Sumara Osório e Tali Monte Rosa no planejamento. Jaques estava à frente da equipe criativa, com Ricardo Freire, Marco Versolato, Dedé Laurentino, Marcelo Reis, Felipe Luchi, Rafael Pitanguy, Marcello Droopy Almeida e Braulio Kuwabara. Katia Bontempo sempre cuidava de tudo no RTV, ao lado de Regina Celi, Sandra Tami, Sandra Rotta, Flávio Schaefer, Marcos Pedra, entre outros excelentes profissionais.

A campanha "O banco da sua vida" era emocionante, principalmente porque era verdadeira: colocava na comunicação pessoas reais, que eram de fato clientes do Banco Real.

O brasileiro tem uma relação complicada com o dinheiro. Por isso, na campanha preferimos mostrar, em vez disso, qual era a influência que o banco tinha na vida "real" das pessoas. Em vez do discurso autorreferente, na primeira pessoa, como era a comunicação na categoria bancária até então (como "o banco que faz mais por você"), ao colocar o cliente como o personagem principal, o banco aparecia como a instituição que viabilizava aqueles momentos de vida.

Foi pioneiro, foi verdadeiro e foi complicadíssimo, porque tínhamos de fazer aquele *casting* com pessoas de verdade – um trabalho brilhante do Paulo Levi e da Debora Nitta, na área de planejamento, e de outros talentos que vieram nos ajudar. Márcio Oliveira entrou na agência para cuidar da conta; Ricardo Freire também, redator indicado pelo Washington Olivetto; chegou também Marco Versolato, como diretor de arte.

BANCO REAL

Campanha: "O banco da sua vida."

A campanha só funcionou, porém, porque tinha base na realidade. Não adianta querer vender o que não existe. Às vezes, a necessidade de comunicação obriga a empresa também a melhorar – a imagem e a marca andam junto com o seu desempenho. Quando se tem dificuldade para comunicar, é porque falta à empresa um diferencial atraente. Por isso a comunicação está tão perto do centro de decisões: ela destaca as virtudes, quando existem, ou força a empresa a melhorar, quando não existem.

Naquele caso, a comunicação surgiu do que o banco tinha de bom. O Real era extremamente competente e construiu uma relação muito afetiva com seus clientes. Fábio Barbosa deu continuidade a essa tradição, que vinha do Aloysio Faria, ao mesmo tempo que, com muita habilidade, soube conduzir as mudanças necessárias. Aperfeiçoou o banco, sem perder o principal, que era sua identidade.

Com essa campanha, tivemos uma visibilidade enorme. A partir de 1999, quando começamos nosso trabalho, o banco também começou a crescer. A marca teve um grande ganho, numa boa parceria com Fábio Barbosa. Ajudou muito o trabalho de Ricardo Guimarães, que liderava a Thymus – uma consultoria de *branding* pioneira, que prestava serviço ao Real e que, por coincidência, também tinha a Prax como investidora – estávamos na mesma *holding*, embora fôssemos de empresas diferentes.

Com o nosso crescimento, em 2000 a Lew'Lara foi indicada para o Prêmio Caboré. Éramos a zebra, concorrendo com duas agências maiores que nós: a AlmapBBDO, sob o comando do Marcello Serpa e do José Luiz Madeira, e a Talent, fundada por Julio Ribeiro e liderada por José Eustachio – uma grife desde os anos 1980.

Para ganhar votos, fizemos um filme muito divertido, que refletia o espírito da agência. Chamava-se "Missão quase impossível", que era ganhar o Caboré concorrendo com a Almap e a Talent. Terminava com o Jaques – que, como todo mundo sabia, era judeu – rezando por um milagre no Muro das Lamentações. Na época, ainda existia a fita VHS, ainda não havia internet. O vídeo foi enviado para todos os assinantes do *Meio & Mensagem*, veículo da editora do Salles Neto e do Marcelo Salles Gomes, promotores do Caboré, que votavam no prêmio.

E ganhamos.

* * *

Em 2001, Fábio Barbosa e Fernando Martins abraçaram de forma pioneira a causa da sustentabilidade, fazendo inclusive isso valer de verdade nos produtos e serviços financeiros do banco. O Real abriu linhas de crédito para empresas com práticas sustentáveis. Baniu clientes que degradavam ou destruíam florestas. Aí lançamos uma nova fase da campanha "O banco da sua vida", disseminando práticas sustentáveis.

É marcante a campanha em que a gente mostrava, em 2002, a dona de casa fazendo coleta seletiva de lixo. A partir daí, a campanha do Banco Real, seguindo a linha do "banco da sua vida", foi muito baseada em causa e propósito. Ao dar à instituição financeira um caráter de prestador de serviço, de preocupação com a comunidade, e não de um mero explorador dos juros bancários, ela ganhou um tamanho maior. Não é só dinheiro: as empresas têm função social, no sentido de melhorar a vida das pessoas, de ser coletivamente úteis: isso é o que justifica sua existência e, quando está claro e bem entendido esse papel, as pessoas se alinham com elas.

É muito difícil ser criativo no setor bancário: a regulamentação faz os serviços financeiros serem muito assemelhados. Com uma campanha, você pode fazer a diferença – e o Banco Real, mesmo com menos verba que outros bancos, como Itaú, Bradesco, Banco do Brasil e Caixa Econômica Federal, conseguia se destacar. A comunicação acabou sendo inspiradora, melhorou muito o *recall* da marca, assim como a performance dos produtos e dos serviços. Isso se refletiu no resultado econômico do banco.

E nós entramos na disputa pelos clientes de peso.

* * *

A conquista do Banco Real foi um divisor de águas na nossa vida. Vínhamos crescendo com Schin ("Pra bom bebedor, meia palavra basta") e Nokia ("Todo mundo só fala nele") e tínhamos, ainda, Aruba e Wickbold. A agência já era de média para grande; com o Banco Real, ela se tornou grande.

Saímos daquele predinho da Coronel Joaquim Ferreira Lobo e fomos para um galpão maravilhoso na Avenida Juscelino Kubitschek, ao lado da Companhia Athletica. Fábio Barbosa e Fernando Martins iam muito lá. Fizemos a campanha dos "Encontros", para falar de um assunto complicado: a associação do Banco Real com o ABN AMRO, que depois da aquisição passaram a funcionar juntos. O filme dizia que o Brasil é o país dos grandes encontros: do arroz com o feijão, das raças, dos credos. Dizia que não havia "lugar melhor no mundo" para fazer aquela união: Banco Real – ABN AMRO Bank.

Em razão do trabalho que vínhamos desenvolvendo para o Real – a forma pioneira como fizemos uma instituição financeira abraçar a causa da sustentabilidade –, fomos convidados, em 2001, para participar da concorrência pela conta da Natura, um desafio gigante.

Era uma marca de cosméticos que se tornava cada vez mais admirada no Brasil inteiro. A Natura resolveu escolher uma nova agência após o encerramento da Guimarães Publicidade, com a qual tinham uma relação de anos. Ricardo Guimarães passou a se dedicar unicamente à Thymus, a consultoria de branding, que trabalhava conosco para o Banco Real.

A concorrência da Natura foi conduzida pelo vice-presidente, Marcelo Araújo, com a participação dos três sócios na decisão final. Captamos melhor a essência da Natura, fizemos o trabalho mais criativo. Na manhã de sábado em que seria anunciada a decisão, Luiz Seabra, sócio-fundador, Guilherme Leal e Pedro Passos foram nos visitar no galpão da Juscelino. Conheceram a agência, toda a estrutura, a equipe, e começamos a trabalhar com eles a partir de 2002.

A Natura já tinha um conceito desenvolvido pelo Ricardo Guimarães: o "bem estar bem". Como dizia o Luiz Seabra, ela ia muito além de vender cosméticos. Seus produtos alicerçavam causas. O "bem estar bem" significava que, estando bem consigo mesma, a pessoa podia estar bem com os outros. Na visão de Seabra, a Natura era uma empresa de relações: melhorando sua autoestima, você está melhor com você e, consequentemente, está melhor com o outro. Ricardo Guimarães dizia que "bem estar bem" era para ser repetido como um mantra.

Sendo uma empresa de relações, a Natura trabalhava sobretudo com venda direta: tinha 1 milhão de consultoras. Por norma, tratava as suas consultoras de vendas como consumidoras, e as consumidoras, como consultoras. A cada 21 dias lançava um novo kit de produtos, levados pelas consultoras às clientes, sob a coordenação de Alessandro Carlucci, vice-presidente de canais.

Tivemos novamente a parceria com Ricardo Guimarães, cujo trabalho era excelente, e começamos a fazer as campanhas para as submarcas da Natura. A primeira foi Chronos. Como todas as linhas da marca, era inspirada na mitologia grega – criação de Luiz Seabra. O creme antissinais, para revigorar a pele, era destinado sobretudo para pessoas da terceira idade. A partir do sufixo "idade", criamos toda a campanha: "originalidade", "criatividade", "felicidade", e assim por diante.

A campanha também apresentava pessoas de verdade, mulheres bonitas, clientes da Natura. Foi veiculada sobretudo nas revistas: a marca era uma das maiores anunciantes de mídia impressa do país, se não a maior; estava em quase todas as publicações da Editora Abril.

Depois de Chronos, fizemos outra campanha, para a linha Ekos, desenvolvida sob a égide da sustentabilidade: utilizava somente ingredientes da Amazônia, extraídos de forma sustentável. Tivemos um grande mérito: levar a Natura, que até então só anunciava praticamente em mídia impressa, para a televisão. Esse era o caminho, porque a Natura foi ganhando autoridade de marca, estava crescendo e queria crescer ainda mais.

Fizemos um projeto de *merchandising* no horário nobre da TV Globo, na novela *Mulheres apaixonadas*, escrita por Manoel Carlos. Com ele, criamos na novela uma consultora da Natura, personagem da atriz Regina Braga, mãe da personagem de Carolina Dieckmann. Era uma mulher mal-amada, infeliz, mal-arrumada, que, ao se tornar consultora da Natura, recebendo a caixa de produtos, passa a usá-los e começa a vendê-los, faz amigas, desenvolve sua autoestima e consegue a estima dos outros.

Fizemos quinze ações de *merchandising* dentro da novela, como uma história dentro da história. Foi tão marcante, que a partir dali a Natura ficou anos fazendo *merchandising* nas novelas da Globo e se tornou patrocinadora da novela das nove. Um grande trabalho da Lew'Lara, com Marcelo Araújo, Bruno Zanni, Neivia Justa, Monica Gregori e Alessandro Carlucci como clientes. Além, claro, dos três sócios da Natura, que conviveram comigo, com o Jaques e toda a equipe da agência.

Outras campanhas que fizemos ainda nessa fase de decolagem foi a institucional da marca e a da Linha Humor. A Natura começou a se expandir para fora do país. Inaugurou uma loja em Paris e ganhamos a conta também nos outros países da América Latina – Argentina, Chile, Peru, Colômbia –, fazendo acordos operacionais com agências locais para poder atuar em cada uma dessas praças.

Atendemos a Natura de 2002 a 2008. Foi um período maravilhoso, de enorme aprendizado. Começamos a fazer o trabalho de comunicação da Natura também no meio digital, que se desenvolvia, e para o qual éramos levados pela própria necessidade dos clientes. A Natura, que tinha uma grande rede de consultoras como base do seu negócio, começou a utilizar o meio digital como um canal de distribuição, ativando o relacionamento com as consumidoras e alavancando as vendas.

* * *

Em 2001, Washington Olivetto me ligou:

– Fomos procurados pelo Mario Cohen, que vai lançar a globo.com – ele disse, referindo-se ao então vice-presidente de comunicação da Rede Globo. – Já estamos num projeto digital com o Unibanco, não podemos atender aqui pela W. Como a Prax é investidora aí, falei para o Mario conversar com vocês. Ele vai analisar, de forma totalmente independente de nós. Gosta muito do Jaques, da trajetória criativa dele, e quer te conhecer.

Mario Cohen não fez concorrência, porque era publicitário; tinha uma agência de comunicação, a Futura, antes de ser convidado pela Marluce de Freitas para ser o executivo de comunicação da Globo. Visitou diferentes agências e escolheu a Lew'Lara. Fizemos uma grande campanha de lançamento da globo.com, criada por Ricardo Freire, Marco Versolato e Jaques Lewkowicz. Bem didática, naquele tempo em que a explosão do meio digital estava apenas começando: "É a globo.com você na internet".

Usamos os atores, atrizes e apresentadores da TV Globo na campanha, em TV, mídia exterior e mídia impressa. Um mês depois do lançamento, a Globo vendeu 30% de participação na globo.com para a Telecom Italia por 830 milhões de dólares, em dinheiro da época. Com essa campanha, ficamos próximos do Mario Cohen, que gostou muito de trabalhar conosco.

Aquele período foi o início da expansão dos negócios no meio digital, não só dos que já existiam, como dos novos que surgiam. Também em 2001, lançamos um site de educação financeira chamado Patagon, de um argentino, Michael Esrubilsky. A partir da sua plataforma digital, a Patagon pretendia pedir autorização para mais tarde operar como corretora de valores. Michael queria investir 2 milhões de dólares em promoção para obter um certo número de *views*. Ele entrou na agência, viu que era um negócio sério e disse:

– Você me traz esse público que eu faço o *first financial round* – disse. – Capto mais 30 milhões de dólares e me preparo para um IPO mais à frente.

NATURA

Campanha: "Perfume do Brasil", para a Natura Ekos.

Fizemos a campanha, conseguimos o número de pessoas que ele queria, e a Patagon captou os 30 milhões de dólares. Michael voltou para encomendar a segunda fase da campanha, em que o site se transformava em corretora de valores. Trabalhamos nisso com a Andrea Pinotti Cordeiro, ex-diretora de marketing do Banco Itaú, de onde tinha saído para tocar a Patagon.

Quando o site virou corretora, porém, passou a haver conflito com outro cliente da agência: o Banco Real. Procurei a Andrea, e abrimos mão da conta. Depois que o site virou corretora on-line, a empresa foi vendida para o Banco Santander em 2003, um mês antes do estouro da bolha da internet, por 670 milhões de dólares.

O meio digital aqueceu ainda mais o mercado: surgia outro mundo, com a oportunidade de novos grandes negócios. A Lew'Lara estava em plena efervescência. Estávamos já com duzentas pessoas no galpão da Juscelino e conquistando mais clientes. Outro que veio foi a seguradora Golden Cross, que procurou o Washington, na W/Brasil, que já atendia o Unibanco, e por essa razão nos indicou. Fui falar com Alberto Boulos, presidente e genro do fundador da empresa, e o senhor Milton Afonso, que eu já conhecia desde a Embratur, em 1986, quando criamos com eles o Seguro do Sol, dentro do Passaporte Brasil.

Ganhamos a conta da Golden Cross. Adivinhe quem contratamos para garoto-propaganda da marca: aquele que me escreveu dizendo que eu era em sua vida um segundo Coutinho – Pelé fez com esse jogador uma dupla inesquecível no ataque do Santos. Também fazíamos, na publicidade, maravilhosas tabelinhas. Um grande amigo que tive, na publicidade e na vida. Pelé fazia muita propaganda, mas, utilizado da maneira pertinente, sempre dava um resultado extraordinário. Foi assim com a Nokia, com o Banco Real, com tudo; apostamos nele outra vez.

* * *

A Golden Cross vendia plano pessoal de saúde e era a marca líder. Era um grande anunciante, mas não deixamos de apostar em clientes com os quais podíamos crescer juntos. Foi o caso de um rapaz de Goiás, chamado Joesley Batista, que apareceu na agência no ano 2000. Ele entregou para nós a conta da Minuano, uma linha de produtos de limpeza para casa, que desenvolveu a partir do negócio original da família, o frigorífico de carne bovina, porque da banha animal se fazia o sabão. Além da linha Minuano, Joesley criou também a linha de sabonetes Albany, bem popular, para venda em supermercados.

Até então ele só tinha distribuição na região Centro-Oeste, nem sequer tinha escritório em São Paulo. A Minuano e a Albany não existiam como marcas conhecidas nacionalmente; foi um grande desafio para nós, para o Joesley e seu irmão, Wesley Batista. Era uma empresa nacional ainda em desenvolvimento. Criamos a campanha e começamos uma longa relação.

Como outros clientes que a gente conhecia, vi que eles haviam nascido pequenos, mas seriam grandes. A JBS desenvolveu-se muito, embora não imaginássemos aonde chegaria.

Aos poucos, Joesley conseguiu azeitar a distribuição nacional dos seus produtos. No momento em que conseguiu acertar a logística, virou um anunciante nacional nas mídias impressa e televisiva. Entre 2000 e 2002, começou a patrocinar novela e o programa *Os Normais* – um humorístico muito famoso, com Fernanda Torres e Luiz Fernando Guimarães, que formavam uma dupla incrível. Patrocinou também o programa das manhãs da TV Globo, da Ana Maria Braga; assim, o anunciante pequeno da região Centro-Oeste tornou-se um grande anunciante, já com toda a ousadia empresarial que fez da JBS a maior empresa de proteína do mundo.

Em 2002, Joesley ainda não investia em comunicação para o frigorífico. Falava que essa era uma empresa de *commodities*, porque a carne no açougue não tinha nome, mas ainda ia ter marca.

Estava vendo adiante.

* * *

Em 2003, a Lew'Lara já era a quarta maior agência de publicidade do Brasil. Nesse ano ela conquistou mais dois clientes muito importantes. O primeiro foi a TIM, operadora de telefonia celular. No início, a conta era só para atender a comunicação institucional da empresa – no varejo, era atendida pela Giovanni, do Paulo Giovanni, e outras agências.

Quem nos levou para a TIM foi Mario Cohen, que havia deixado a vice-presidência de comunicação da Globo e voltado à consultoria, agora com uma empresa chamada 1818 Branding. A TIM era líder no serviço pós-pago de telefonia celular, e Mario escolheu a Lew'Lara porque o conceito da empresa era "viver sem fronteiras" – e nós trabalhávamos bem com plataformas que o traduziam.

Como consultor estratégico da TIM, Mario idealizou alicerçar o posicionamento "viver sem fronteiras" no surfe, na moda e na música. A empresa patrocinava o Campeonato Brasileiro de Surfe e a São Paulo Fashion Week, maior evento de desfiles de moda do Brasil, e fez uma parceria com o Prêmio da Música Brasileira. Criado pelo José Maurício Machline, filho do fundador da Sharp, Mathias Machline, o prêmio, que acontece todos os anos no Teatro Municipal do Rio de Janeiro, virou Prêmio TIM de Música.

Por ser líder no pós-pago, diferente do pré-pago, que limitava o gasto de cada conta, a TIM tinha um cliente que lhe dava mais rentabilidade. O presidente da Telecom Italia na América Latina, Giorgio della Seta, assim como Mario, acreditava muito na área institucional e na comunicação com causa e propósito. Tanto que, de forma corajosa, com o incentivo do Mario, e já com Mário César de Araújo como presidente da TIM, patrocinou a construção do Auditório do Parque Ibirapuera. Era um projeto que Oscar Niemeyer havia feito em 1954, ano do sesquicentenário da cidade de São Paulo, mas não teve tempo de implementar. No Auditório, a TIM promovia concertos que sempre a identificavam com a música.

Nas três plataformas "sem fronteiras", fizemos campanhas antológicas de mídia eletrônica, impressa e digital. Tínhamos gente muito talentosa e vivemos um período mágico. A Lew'Lara já era a segunda maior agência do mercado, atrás apenas da Young & Rubicam, que tinha a maior conta do Brasil: a Casas Bahia. Ficamos nessa posição de 2003 a 2006. Minha ambição, de ser um dos maiores líderes do mercado publicitário, estava realizada. Agora estávamos cheios de trabalho – mas não parávamos de crescer.

* * *

Um *case* que gosto de contar, especialmente quando dou palestras a estudantes de comunicação, é de como nós, na Lew'Lara, disputamos a conta da Pernambucanas, uma das maiores redes de magazines do país, que no início dos anos 2000 tinha 280 lojas em São Paulo, no interior de São Paulo, no Mato Grosso do Sul e no Paraná.

TIM

Campanha: "Viver sem Fronteiras", para o TIM Festival.

Em 2003, participamos de uma concorrência acirradíssima. Soubemos que as duas outras agências escolhidas para participar da disputa estavam fazendo verdadeiros shows para apresentar suas propostas. Uma delas levou Hebe Camargo, famosa apresentadora de TV na época, como protagonista da campanha. Outra concorrente montou uma loja cenográfica das Pernambucanas para fazer sua apresentação. Nós, porém, em vez de criar uma campanha, fizemos uma pesquisa.

Fomos a cinquenta lojas Pernambucanas; visitei eu mesmo boa parte delas. Filmamos o atendimento e o *mix* com uma câmera secreta, colocada nos óculos, tipo "cliente misterioso". E levamos esse material para a nossa apresentação.

Levamos duas horas. Tudo era problema. Mostramos o que tínhamos filmado com a câmera secreta. O *mix* da Pernambucanas tinha eletroeletrônicos com moda e cama, mesa e banho. O atendimento também andava mal – a gente mostrava os vendedores virando as costas para os clientes.

– Olha, do jeito que estão as lojas, não dá pra fazer propaganda – dissemos. – Primeiro, é preciso corrigir tudo isso. E a gente quer corrigir com vocês.

Marcelo Silva, Dilson Santos e Peter Fukugawa, diretores da Pernambucanas, ficaram muito impressionados com a nossa "anticampanha".

Já estávamos com muito trabalho. Naquela época, a Lew'Lara estava passando da quarta para a segunda posição de maior agência do país – estávamos crescendo muito rápido. Nem sabíamos ainda como atender mais um cliente grande como aquele. Depois da apresentação, quando entramos na van para ir embora, o Jaques Lewkowicz, meu sócio e parceiro de trabalho, responsável pela área de criação, falou:

– Fodeu. Ganhamos a conta.

E ganhamos mesmo.

As outras agências tinham feito show, nós ganhamos a conta criticando a empresa. Nossa apresentação foi numa quarta; na quinta, recebemos a notícia.

Essa era uma visão que eu e o Jaques sempre tivemos: a comunicação é parte do negócio. Ele era criativo, mas filho de um farmacêutico, dono de uma farmácia no Bom Retiro, sabia o que era o comércio. Quando discutimos propaganda com o cliente, discutimos não propaganda, mas comunicação, e o negócio como um todo, do qual ela é indissociável. Ainda mais hoje, quando a comunicação está em tudo, desde a venda nas plataformas digitais, que mudaram toda a operação do lado de trás do balcão, até a logística e a gestão.

PERNAMBUCANAS

Campanha: "Da nossa casa pra sua casa."

A estratégia de comunicação, quando se procuram os diferenciais e o ângulo certo para vender, ressalta os pontos fortes de uma empresa – e os fracos também. Você pode enganar as pessoas por algum tempo, mas não o tempo todo. A propaganda boa só existe quando o produto ou serviço é bom. Quando não é, a reflexão sobre a comunicação obriga a empresa a melhorar, para ser o que quer parecer ser, tanto nos produtos quanto nos serviços.

Com essa conquista, tivemos que montar uma equipe em 48 horas, ritmo de varejo, para fazer acontecer: Rafael Carmineti, Clovis Marchetti, Adriano Gehres, Daniela Leão, Ana Karina Mello, Mayra De Lutiis, Patricia Campello, Johnatan Lastri, Fernanda Recupero, Mariana Youssef, Karine Scaranello, Ana Flavia Di Luca, James Ribeiro, Rodrigo Lugato, Tiago Trindade.

A Pernambucanas melhorou – aquela diretoria fez uma reviravolta na empresa, no atendimento e no *mix* dc produtos. Foi uma gestão marcante no marketing, com Rogério Marques, Andrea Beatrix Kocher e Maria do Carmo Cardoso. Nós pudemos, então, firmar o conceito "Da nossa casa para a sua casa: Pernambucanas".

* * *

Nossa maneira de trabalhar estreitava a relação com os clientes. Ao mesmo tempo que o desenvolvimento da comunicação os ajudava a melhorar, nós também aprendemos muito na convivência. Foi assim com Nelson Schincariol, na Schin; Luiz Seabra, Guilherme Leal e Pedro Passos, na Natura; Joesley e Wesley Batista, na JBS, com executivos como José Augusto de Carvalho Júnior; e foi assim também com Marcelo Silva, que depois se tornou presidente do Magazine Luiza; e Dilson Santos, um craque em varejo, que antes de Pernambucanas tinha passado pelo grande sucesso da C&A.

Aprendi muito também com Fábio Barbosa e Fernando Egydio Martins, do Banco Real; Amarílio Macêdo, da J. Macêdo; Alexandre Costa e Monica Ogawa, da Cacau Show; Carlos Murilo Moreno e Christian Meunier, da Nissan; Chaim Zaher, do Grupo SEB; Guilherme Paulus e Valter Patriani, da CVC; e Alberto Boulos, da Golden Cross. Se fizemos campanhas institucionais marcantes para a TIM, foi muito por causa da cabeça privilegiada do Mario Cohen, do Giorgio della Seta e do Mário César de Araújo.

Com eles, desenvolvemos uma maneira de fazer comunicação e também de torná-la importante, associada a causas da sociedade, como um poder transformador – das empresas e da própria comunicação. Essa foi a grande casa que avançamos na nossa geração, a par do desenvolvimento da ação com novas tecnologias.

Hoje a comunicação é mais precisa, está conectada o tempo todo às pessoas, tem uma influência direta na vida de muita gente – e de várias formas. Eu mesmo, que entrei no mercado pela área promocional e depois passei à publicidade, me defino como um empreendedor da comunicação, uma área mais abrangente.

Para uma boa comunicação, é preciso antes de mais nada que os negócios sejam bons e andem para a frente; isso também depende de que o país vá adiante, de que as pessoas melhorem de vida e de que o mundo melhore. As empresas adquiriram muita consciência disso. O mundo mudou, mas nós é que mudamos o mundo. A comunicação tem esse poder. E queremos mais.

5

O MELHOR DO BRASIL

O início dos anos 2000 foi um momento mágico da propaganda brasileira – e em especial da Lew'Lara. A gente disseminava muito comportamento. Fomos pioneiros em traduzir o conceito de sustentabilidade, que na época ainda era palavrão: não era fácil explicar o que significava a equação econômica, social, ambiental e cultural na construção de uma marca. Começamos isso com o trabalho do Banco Real, tivemos o privilégio de fazer o mesmo ao lado da Natura, e hoje essa é uma preocupação de todas as empresas.

Éramos a segunda maior agência do Brasil, e para chegar ao primeiro faltava pouco. Procuramos mais. O Jaques sempre dizia que queria ter a conta dos Correios. A empresa, uma estatal federal, ainda não tinha passado pela fase deficitária, cheia de escândalos, que veio depois e deixou uma imagem muito ruim. Naquele tempo tinha prestígio, era considerada uma das instituições mais confiáveis do país e havia feito campanhas publicitárias memoráveis.

Jaques manifestou interesse em tentar a conta dos Correios para valer.

– Mas a gente nunca atendeu governo! – eu disse.

– Vamos disputar...

Aquilo exigia uma habilidade que a gente não tinha. Entrar em uma licitação pública requer uma certa *expertise*. Tínhamos de aprender.

Não havia apresentação oral, como nas concorrências privadas; era preciso seguir um protocolo. Numa pasta, tínhamos de contar a história da agência, falar sobre a sua estrutura, mostrar a carteira de clientes, os *cases* que desenvolvemos. Em outra pasta ia o planejamento, a estratégia de comunicação, além do exercício criativo. Em uma terceira pasta, seguia a proposta financeira e uma demonstração das contas da agência, para garantir que era idônea e que podia prestar serviço.

Propus ao Jaques que entrássemos em uma concorrência pública como experiência, para ver como era e nos preparar para a disputa maior.

Em setembro de 2003, havia uma licitação aberta no governo do recém-eleito presidente Lula, que era a da Secretaria de Comunicação da Presidência da República, a Secom.

– Vamos?

Jaques concordou. Estudamos a licitação, a forma de preencher os requisitos do edital, seguimos todo o protocolo, para aprender como funcionava. Só que a gente... ganhou. Sem *lobby*, sem conhecer o Lula nem ninguém.

Eram escolhidas três agências, que depois entrariam na concorrência das campanhas. Em primeiro lugar ficou o Duda Mendonça, que fez campanhas publicitárias antológicas, como "não basta ser pai, tem de participar", para a Gelol, e num momento da sua carreira se tornou também profissional de marketing político. Ele tinha feito a campanha do Lula, também de muito sucesso, com o *slogan* "Lulinha paz e amor" – e Lula foi eleito, depois de três tentativas em que havia perdido sucessivamente para Fernando Collor e para Fernando Henrique Cardoso, que se reelegeu.

Em segundo lugar na concorrência ficou a Matisse, de Paulo de Tarso Santos, também profissional de marketing político, que tinha criado o "Lula lá" na campanha de 1989, quando Lula concorreu pela primeira vez.

A terceira agência era a Lew'Lara.

Não tínhamos relação nenhuma com o PT, com a política ou com marketing político, só atendíamos clientes privados. Também não tínhamos a menor relação com Luiz Gushiken, chefe do escritório de comunicação social da presidência, com *status* de ministro. A cor da Lew'Lara era vermelha. Jaques brincava que tínhamos sido escolhidos por causa da cor da nossa pasta.

No fim, participamos da licitação dos Correios e perdemos. Na Secom, ganhamos e ficamos. Pela primeira vez tivemos uma experiência com a comunicação do setor público.

Assim que conquistamos a conta e isso foi formalizado, o ministro Gushiken chamou as três agências vencedoras para uma reunião. Antes, tomando um cafezinho, explicou que tínhamos sido escolhidos simplesmente porque fizemos uma boa proposta e éramos a maior agência de capital nacional que tinha entrado na disputa, com dois publicitários brasileiros. Falou para mim e o Jaques:

– Os senhores não são da política. E continuem não sendo. Não devem nada a ninguém. São da iniciativa privada, e a gente quer exatamente isso. Os outros dois têm perfis de pessoas que entendem de marketing político, mas a gente também quer uma visão de mercado. Vou repetir: os senhores não devem nada a ninguém.

A partir do momento que você é escolhido, passa a concorrer às campanhas da Secom com as outras duas agências, depois que é feito o *briefing*. Duda Mendonça fazia 70% do trabalho. A Matisse, 15%, e nós, outros 15%. Acabávamos ficando com as campanhas de parceria com a iniciativa privada. Porém, fiz boas relações institucionais com o ministro Gushiken. Tive, assim, a oportunidade de apresentar a ele uma ideia que andava comigo havia um bom tempo e teve um sucesso monumental.

* * *

O primeiro ministro da Fazenda do presidente Lula, Antonio Palocci, levou para o governo uma equipe técnica muito boa, vinda da iniciativa privada: Marcos Lisboa, Joaquim Levy, Murilo Portugal, Henrique Meirelles, este último na presidência do Banco Central. Sob a influência de Palocci, Lula fez uma primeira administração muito responsável, do ponto de vista fiscal. O crescimento do PIB em 2003 foi zero, mas eles estavam arrumando a casa para o futuro. Gushiken falava que em 2004 o Brasil cresceria 4%.

Na Associação Brasileira de Anunciantes (ABA), eu ouvia das marcas de consumo que o mercado ainda estava difícil, mas que ia melhorar. Saiu uma pesquisa do instituto Latinobarômetro, dizendo que a autoestima do brasileiro estava muito baixa. A crença no Brasil era pouca. Isso vinha da desvalorização cambial de 1999, do apagão de energia elétrica em boa parte do país em 2001, do estouro da bolha das pontocom, que tinha afetado os mercados e os ânimos.

Por essa razão, antes de atender à Secom, eu havia apresentado à ABA a campanha "O melhor do Brasil é o brasileiro: eu sou brasileiro e não desisto nunca". Inspirei-me na frase original do grande escritor Câmara Cascudo, do Rio Grande do Norte. Queria levar aquilo adiante: era um projeto mais meu que para a Associação. Quando ganhamos a Secom, e o Gushiken disse que iríamos crescer, apresentei a ele aquela ideia.

– Ministro, o senhor está dizendo que quer de nós uma visão de mercado. O mercado está mais otimista com os indicadores. As empresas querem crescer. Os veículos de comunicação também. Vamos fazer a campanha "O melhor do Brasil é o brasileiro". Porém, tem de ser uma campanha da iniciativa privada, porque não pode ser do governo: fica chapa branca. Ninguém vai acreditar que o Brasil vai crescer porque o governo está falando; essa é a missão do governo, e sempre vai ter a oposição e o contraditório.

Naquele tempo, início de gestão, o presidente Lula vivia uma lua de mel com o eleitorado. Um operário tinha chegado à presidência. Eu disse ao Gushiken que a ABA assinaria a campanha e eu viabilizaria tudo de graça. Ele não só abraçou a iniciativa, como disse que iria ao lançamento da campanha e levaria junto o próprio presidente Lula.

Fizemos do jeito que aprendi na Paulistur e na Embratur: parceria privada-pública, que é diferente da público-privada, porque não tinha dinheiro de ninguém, nem mesmo da ABA. Foi uma campanha marcante, com histórias reais de pessoas, algumas famosas, outras não, todos brasileiros, que, mesmo diante de grandes dificuldades na vida, superaram barreiras e desafios que pareciam intransponíveis.

Para os filmes, o escritor Paulo Coelho cedeu os direitos de "Tente outra vez", que ele fez com o falecido Raul Seixas. Sempre com essa música, mostramos a história do jogador Ronaldo Nazário, o Fenômeno, contando a história da sua recuperação depois de uma contusão gravíssima – uma fratura exposta que levantava dúvidas quanto a voltar a andar direito, quanto mais jogar de novo futebol profissionalmente. Ronaldo não apenas voltou aos campos, como foi campeão mundial com a seleção brasileira em 2002.

ABA

Campanha: "O melhor do Brasil é o brasileiro", para a Associação Brasileira de Anunciantes.

O segundo filme foi com o músico Herbert Vianna, que, depois do acidente de ultraleve no qual morreu sua mulher, Lucy Needham, e em que ele ficou paraplégico, voltou a tocar com os Paralamas do Sucesso. Teve também o corredor Vanderlei Cordeiro de Lima, que, agarrado por um grego durante a maratona da Olimpíada da Grécia, em 2004, voltou à prova e ganhou a medalha de bronze. Contamos ainda a história da Maria José, que tinha lúpus e se tornou professora; do Antônio Carlos – negro, menino de rua, com passagem pela Febem, instituição à qual eram recolhidos menores de idade delinquentes –, que se tornou contador de histórias.

Todos cederam a imagem de graça, e a campanha teve veiculação gratuita em todas as emissoras de rádio e TV, revistas e jornais. Por meio da ABA, convidamos anunciantes importantes para estar presentes no lançamento, no Hotel Unique, em São Paulo. Pedimos às empresas que assinassem "O melhor do Brasil é o brasileiro" com um selo nos seus produtos e serviços e na sua comunicação.

Tudo isso foi antes do Mensalão, esquema de pagamentos de propina para parlamentares apoiarem emendas do governo, e da Lava Jato, que apurou uma onda de corrupção. Ainda não havia escândalo nem uma clivagem política no Brasil. Havia apenas um presidente eleito por uma grande maioria, com uma oposição responsável, exercida pelo PSDB.

Com a anunciada presença do presidente Lula, todos os empresários compareceram: Abilio Diniz, do Pão de Açúcar, que apoiou a ideia e, pelas suas agências de publicidade, fez as campanhas do Pão de Açúcar incorporarem "O melhor do Brasil é o brasileiro"; Márcio Cypriano, presidente do Bradesco; Paolo Dal Pino, presidente da TIM; Joesley Batista, presidente da Friboi; e outros, incluindo os empresários de mídia.

Foi uma consagração. Capitaneadas pela ABA, mais de mil empresas – grandes, pequenas e médias – adotaram o selo da campanha. "O melhor do Brasil é o brasileiro", a frase cunhada pelo Cascudo, e "Sou brasileiro e não desisto nunca", ideia do nosso criativo Adriano Gehres, viraram bordões populares.

Pela campanha em si, ninguém ganhou nada, inclusive nós, da Lew'Lara. Da Secom mesmo, a gente ganhava muito pouco. Pela licitação, tínhamos direito a receber pelo menos 15% da verba da comunicação; ganhávamos 15%. Não estávamos preocupados com isso, estávamos ali pelo efeito que podíamos causar – e ele foi enorme.

A campanha teve a participação maciça da mídia. Eu sempre tive facilidade de congraçar, confraternizar, além da capacidade de articulação, então fui costurando todos os apoios. A participação do governo foi garantir o prestígio do Lula e do Gushiken ao evento, o que ajudou a campanha a ter um resultado enorme.

Lula aproveitou a estabilidade política e econômica deixada por Fernando Henrique para criar programas sociais, como o Bolsa Família. Com isso surgiu uma nova classe média, com um aumento significativo da renda, especialmente no início de seu primeiro governo, e que se manteve até 2010. Essa expansão da renda se refletiu no consumo, fez o mercado crescer muito e trouxe mais anunciantes.

Em 2005, explodiu o escândalo do Mensalão. A Secom desfez o contrato com o Duda, que acabou depondo em uma Comissão Parlamentar de Inquérito. A Lew'Lara continuou atendendo a conta do governo federal, junto com a Matisse. Passamos a cuidar de várias campanhas, de 2005 a 2007, quando houve uma nova licitação. A pedido deles, disputamos de novo a conta, porém saímos.

A conta da Secom, algo inicialmente despretensioso, no final foi uma experiência muito interessante. Tivemos um período muito bom, com um aprendizado, e acabou.

Além da Secom federal, atendemos também, entre 2004 e 2007, o Ministério da Educação durante a gestão de Fernando Haddad – uma conta pequena, embora muito importante do ponto de vista institucional. Por um convênio da Associação Brasileira de Emissoras de Rádio e Televisão (Abert) com o ministério, as rádios e TVs podem ceder até dez minutos por dia para campanhas de educação, como um bem público do país. Fernando Haddad lançou o Fundeb, um fundo para financiar a educação básica pública, e coube a nós criar as campanhas. O mandato de Haddad no Ministério da Educação foi muito bom; gostamos desse trabalho, que também acabou em 2007.

Continuamos a fazer *cases* muito importantes. Em 2007, o Banco Real se tornou Santander; surgiu como cliente a Kia Motors, de José Luiz Gandini, grande empresário de Itu; continuamos a trabalhar com a Schin, na campanha das cervejas Primus e Baden Baden, além da linha de refrigerantes. Foi então que recomeçou um assédio muito grande por parte das agências multinacionais para comprar uma participação acionária na

Lew'Lara. Era um processo que já vinha ocorrendo no mercado havia um bom tempo, e nós – eu, principalmente, mais que o Jaques – resistíamos.

* * *

As ofertas pela Lew'Lara vinham desde 1997, quando resolvemos consolidar a agência, em vez de vendê-la – na época, a interessada era a Leo Burnett, como já mencionei. Sempre convivemos com o assédio de investidores, nessa fase do independentismo dos profissionais que, inspirados por Washington Olivetto, tinham saído de grandes agências para abrir seu próprio negócio, com muito sucesso. A própria Prax, do Washington, que comprava participações em negócios de comunicação, fazia isso.

Muita gente que corajosamente saiu a empreender no mundo da publicidade se deu muito bem. Foi o caso de Dalton Pastore com Claudio Carillo, da Carillo Pastore Euro RSCG, que cresceu muito, com *cases* muito interessantes, como o "Faz um 21", para a Embratel, a garota do tio Sukita e campanhas para a Ambev e a Renault. Fabio Fernandes também teve muito sucesso com a F/Nazca, criando campanhas antológicas, como "Skol desce redondo" e "tem coisas que só a Philco faz pra você".

Teve também Nizan Guanaes, que junto com Affonso Serra e Guga Valente comprou a marca DM9 do Duda Mendonça, em parceria com Kati de Almeida Braga, do Banco Icatu, e produziu campanhas antológicas: "Mamíferos", da Parmalat, criação do Erh Ray, "Pipoca com guaraná", da Antarctica, e muitas outras, para marcas como Honda e Itaú. Marcello Serpa e José Luiz Madeira também criaram campanhas memoráveis na Almap, como "Havaianas, todo mundo usa", que fez uma marca popular virar *fashion*. Alexandre Gama, que abriu a Neogama a partir da conta da Gradiente, e depois atendeu o Bradesco, criando o posicionamento "Bradescompleto", também fez um trabalho maravilhoso, ao lado de Roberto Mesquita e Geraldo Rocha Azevedo.

Essa outra era de ouro da publicidade brasileira contou ainda com Julio Ribeiro, na Talent, com campanhas históricas para USTop ("Bonita camisa, Fernandinho), Brastemp ("Não é nenhuma Brastemp"), tubos e conexões Tigre, Postos Ipiranga. Abriu caminho para a Grendene, uma fábrica de plásticos do Rio Grande do Sul, lançar uma sandalinha *fashion* chamada Melissa, que transformou a empresa na mais vistosa indústria de calçados do país. Eduardo Fischer, com Roberto Justus, emplacou o *case* da "Número 1" para a Brahma, além da campanha antológica que lançou a Calvin Klein no Brasil.

Os criativos tiveram seu momento, mas ao lado deles sempre estiveram os "carregadores de piano": os profissionais de atendimento e planejamento. Ao lado de Nizan Guanaes estavam Guga Valente e Affonso Serra; de Marcello Serpa, José Luiz Madeira. Com Fabio Fernandes estavam Ivan Marques e Loy Barjas. Com Alexandre Gama, Roberto Mesquita e Geraldo Rocha Azevedo. Com Washington Olivetto, Gabriel Zellmeister e Javier Llussá Ciuret. Com Jaques Lewkowicz estava eu.

Essa fase mágica da propaganda brasileira, acompanhada do desenvolvimento das mídias de TV, rádio, veículos impressos, *outdoor* e, por fim, da mídia digital, fez a indústria nacional se tornar uma das mais premiadas do mundo e muito relevante dentro do cenário internacional. Agências como AlmapBBDO, DM9 e F/Nazca ganharam o prêmio de Agência do Ano em Cannes – concedido a quem recebe o maior número de Leões de Ouro, Prata, Bronze e Grand Prix.

Claro que esse *boom* de agências tão premiadas e lucrativas atraiu novamente o interesse das agências multinacionais. Os talentos brasileiros se destacaram tanto, na criação e no resultado, que despertaram a atenção dos investidores para as agências brasileiras, que queriam comprá-las ou a elas se associar, sempre mantendo os sócios locais no comando. Foi assim com a Almap, que já estava desde 1988 com a BBDO; com a W, que no início tinha a GGK; a DM9 com a DDB; a Neogama com a BBH; e foi o caso também da F/Nazca, que se associou à Saatchi & Saatchi.

Mesmo as empresas que eram de capital 100% multinacional, como a Ogilvy, sempre mantiveram brasileiros no comando. A Ogilvy teve o lendário Faveco Corrêa e depois Sérgio Amado, que liderou a Denison e depois sucedeu ao Faveco na Ogilvy. A McCann teve a liderança de Jens Olesen, um dinamarquês que se apaixonou pelo Brasil e que ao lado de Altino João de Barros e Percival Caropreso fez da McCann a líder de mercado. Os estrangeiros queriam ter agências no Brasil, mas sabiam que para ter sucesso no mercado dependiam do talento brasileiro, que dava às campanhas o sabor local com suas peculiaridades. Como dizia o maestro Tom Jobim, o Brasil não é para amadores.

Esses talentos, que já tinham muito êxito trabalhando em grandes agências, antes de abrir suas próprias agências, começaram a vender seus negócios, realizando lucro, sem deixar de trabalhar.

E essa onda, que sempre vinha nos balançar, foi ficando mais forte.

* * *

Ao mesmo tempo que as agências independentes cresceram no Brasil, grandes *holdings* se consolidaram no mundo, a partir da década de 1990. Cerca de 80% da indústria da publicidade ficou na mão de cinco conglomerados.

Esse movimento começou em 1987, com o empresário britânico Martin Sorrell. Dono de uma empresa chamada Wire and Plastic Products (WPP) – porque sua primeira atividade foi vender *merchandising* nos carrinhos de supermercado –, ele comprou a J. Walter Thompson, depois a Young & Rubicam e a Ogilvy. Ficaram todas dentro da *holding* WPP, empresa de capital aberto, cotada na Bolsa de Valores da Inglaterra.

John D. Wren, CEO e presidente da Omnicom, criada em Nova York por Allen Rosenshine, norte-americano que havia trabalhado na BBDO, fez dela um império publicitário. Passou a ter três grandes redes, presentes em todos os mercados – DDB, BBDO e TBWA –, e ainda comprou a Interpublic, empresa de capital fechado que pertencia a um grupo de investidores, dona da McCann e da FCB.

O francês Maurice Lévy, da Publicis, em 2025 liderada por Arthur Sadoun, também comprou agências no mundo inteiro. A Dentsu, uma empresa japonesa, listada na Bolsa de Valores de Tóquio, igualmente saiu comprando agências mundo afora. O quinto grupo importante é o BETC Havas, de Vincent Bolloré, cujo líder no Brasil é Erh Ray, publicitário que trabalhou com Nizan Guanaes na DM9, na campanha "Mamíferos", e depois fez sua própria agência.

Essas *holdings* ficaram com muitos braços, mas não se juntaram numa coisa só. Preservaram as características das agências, com seus talentos locais. Não apenas concorrem como grupos: suas próprias agências são concorrentes entre si, nos seus respectivos mercados.

No Brasil, por exemplo, a BBDO tem a Almap, que comprou em 1988; a DDB tem a DM9, comprada em 1994; em 2015 comprou o Grupo ABC, criado por Nizan Guanaes para ser uma *holding* brasileira, surgido a partir da sua agência Africa. Todas essas agências passaram a ser da Omnicom, mas continuam concorrendo umas com as outras. A disputa de mercado permanece muito acirrada.

As *holdings* globais se fortaleceram, mas mantiveram sua capilarização. Compravam as operações e mantinham os antigos donos no comando, dando-lhes autonomia para continuar crescendo. Não foi só na comunicação que os negócios caminharam nessa direção. A Arezzo & Co, de Alexandre Birman, empresa de capital aberto, comprou a Hering, a Reserva, a Dudalina, a Vans e mais uma dezena de marcas, todas elas competindo entre si no mercado.

As agências independentes acabaram se associando a multinacionais. Nós fomos os últimos. Em 1997, eu e o Jaques resistimos ao assédio da Leo Burnett porque ainda tínhamos muito para crescer. Em vez disso, fizemos a associação com a Prax. Em 1999, Jean-Marie Dru, *chairman* internacional da TBWA, um dos braços do Grupo Omnicom, voltou a nos visitar. Ele é um pensador da comunicação; apresentou-nos a *disruption*, metodologia que usa no planejamento e na criação, muito interessante. Jaques e eu gostamos muito dele e ficamos amigos.

Em 2001, chegamos a negociar a sociedade com a TBWA. Porém, aos 39 anos de idade, cheio de energia para trabalhar, eu não estava pronto para vender a agência. A Lew'Lara era um filho que eu e o Jaques tínhamos gerado, com apoio do Madia e investimento inicial de Rodrigo Sá Menezes. De acordo com a minha origem familiar, vender a agência seria como se o meu pai vendesse a fazenda: a simples proposta já soava ofensiva. Quem é quatrocentão é muito cioso do nome. E o nome Lew'Lara seria vendido, como uma marca que passaria a pertencer à TBWA.

Eu resistia. Com Jaques, preferimos fazer negócio com o pessoal da Prax – o Washington, o Gabriel e o Javier –, e eles sempre foram muito corretos conosco. Ajudaram com o investimento e com indicações, em especial no caso das contas da globo.com e da Golden Cross – a palavra do Washington tinha peso. Discutimos com eles a oferta da TBWA, pois podiam vender a parte deles e realizar o lucro. Porém não mostraram pressa em se desfazer da sua participação.

– Quando nós compramos nossos 40% em 1997, prometemos autonomia – disse o Javier. – Ela sempre existiu. Se vocês quiserem vender, a gente acompanha. Se não, tudo bem. A decisão é de vocês.

Foram príncipes. A Lew'Lara havia sido o melhor investimento que eles tinham feito. Ganhavam muito bem com a gente. Com a venda, poderiam recuperar muito mais do que tinham investido. Preferiam, no entanto, apoiar a nossa posição.

– É cedo ainda para vocês venderem – disseram Washington e Gabriel. – Vocês estão felizes. Ainda vão crescer mais. Se vocês quiserem vender, a gente assina embaixo. Se não quiserem, a gente também não quer.

Assim foi. A conversa foi maravilhosa, Dru foi encantador, estávamos no ponto de assinar o contrato. No entanto, na reunião em que chegaram as minutas, toda aquela papelada que a gente tinha de assinar, dizendo que a partir dali a gente não podia isso, não podia aquilo... prevaleceu o espírito anárquico do Jaques, que lhe era peculiar, e a minha sede de autonomia.

Não vendemos.

* * *

Desistimos, mas o Dru não. Elegantemente, continuou nos visitando. A conversa nunca parou.

A nossa decisão foi absolutamente acertada. De fato nós éramos felizes, sabíamos disso, e a agência cresceu muito mais a partir de 2003. Depois que a Lew'Lara se tornou a segunda agência do Brasil, em 2006, a conversa voltou a esquentar.

A TBWA já estava no Brasil, associada à Grottera, mas queria crescer mais. As *holdings* internacionais compram talentos de uma agência que admiram. Querem quatro coisas: apoiar o empreendedorismo local; ter força criativa, porque o Brasil é um celeiro de talentos; colocar os clientes globais na agência; e ficar felizes – o celular não toca com algum problema, nem de negócios, nem de *compliance*, nem por causa de assédio moral, coisas desse tipo. E querem alguém tão bom que já tenha bons clientes locais. No nosso caso, nossos clientes locais eram ainda maiores que os deles, com a Grottera.

No último ano da negociação com a TBWA, recebemos um assédio muito grande também de Martin Sorrell, do Grupo WPP, que, na proposta, chegou a ser financeiramente mais agressivo. Antes de ser também vendido para a Omnicom, o Grupo ABC, onde estavam o Nizan e o Guga, também quis a Lew'Lara. Fizeram uma proposta muito boa, conversamos bastante.

O sonho do Nizan era abrir capital, fazer como as grandes *holdings* mundiais, concorrer com elas. Seria o primeiro IPO de um grupo brasileiro de comunicação, numa atividade multidisciplinar: propaganda, PR, promoção, todas as ferramentas de comunicação. Estávamos num período de efervescência: todo mundo estava abrindo o capital, inclusive empresas do mercado imobiliário, como a Lopes. O Brasil estava bombando.

Ficamos muito confusos. Das três propostas – a da WPP, a do Grupo ABC e a da Omnicom, por meio da TBWA –, a menos interessante, financeiramente, era a da TBWA. Porém, justiça seja feita ao Nizan – mesmo negociando conosco, ele me disse:

– Eu quero muito que você e o Jaques se unam ao Grupo ABC, mas sou honesto. Somos sócios da Omnicom na DM9, e eles são ótimos, respeitam muito a nossa autonomia.

Conversei muito também com o Marcello Serpa, em um café da manhã na minha casa. Ele me disse que estava muito feliz na BBDO, também da Omnicom.

Jaques e eu gostávamos muito do Dru, *chairman* da TBWA; do Tom Carroll, que era então o presidente e CEO global; e do James Fenton, o diretor financeiro. Estávamos muito ciosos de nossa independência e autonomia. Eu, com 45 anos, ainda não queria vender. O Jaques, porém, estava em outra fase da vida, com 62 anos. Aquilo pesava.

Fomos de novo falar com o pessoal da Prax. Washington, Gabriel e Javier foram magnânimos. Mais uma vez disseram: "Vocês decidem". Porém, estavam em outro momento. Já tinham combinado entre eles se desfazer da própria Prax. Naquele ponto, seria interessante venderem a participação de 40% na Lew'Lara.

Fomos visitar a TBWA\Chiat\Day, agência icônica de Los Angeles, para ver como funcionava. Conheci Lee Clow, que fez campanhas antológicas, como a da Pedigree ("Louco por cachorro"). Criava as campanhas da Apple, com a metodologia do *disruption*. Era o melhor amigo de Steve Jobs e atendeu a marca Apple de 1984 até 1992, quando John Sculley assumiu o comando da companhia. Voltou quando Jobs a retomou, em 1997, e fez uma agência só para atendê-lo, que existe até hoje, chamada Media Arts Lab (MAL).

Quando você abre uma empresa, é para criar clientes e servir ao mercado. Por isso, o bom empreendedor tem de pensar em perenizá-la. Mesmo tendo propostas financeiramente melhores, escolhemos a TBWA, uma agência muito criativa, com aquelas pessoas de quem a gente gostava. Nós sentíamos que com ela teríamos mais futuro, mais felicidade e espaço para os nossos talentos poderem trabalhar e crescer.

As multinacionais em geral nunca compram 100% de uma agência. Ficam com o controle, para consolidar o negócio na Bolsa em Nova York, e mantêm os líderes locais, que recebem uma parte do dinheiro à vista e o restante mediante o cumprimento de certas metas ao longo do período de *earn out*, para continuar trabalhando motivados. Quer dizer, não dá para simplesmente vender, pegar a família e ir morar para sempre numa ilha paradisíaca.

A TBWA avaliou o negócio, fez o *due diligence*, tudo que se faz antes de comprar uma empresa, e lançamos a Lew'Lara\TBWA em 27 de novembro de 2007. Fizemos um megaevento no Leopolldo, restaurante e casa de espetáculos que ocupava toda uma esquina nos Jardins, com a presença de Dru, Tom Carroll e James Fenton.

A TBWA comprou 100% da agência. Pagaram 70% no ato. Os 30% restantes, em partes iguais de 15% para mim e o Jaques, foram pagos como *earn out*, ao longo dos cinco anos seguintes. Nos 70% pagos à vista, estava incluída a parte da Prax, que detinha 40% de participação na agência, e com isso saiu do negócio.

Fizemos um acordo de cavalheiros com Washington, Javier e Gabriel. De 1997 a 2007, fomos de uma pequena agência à segunda maior agência do país, ultrapassando inclusive a W/Brasil. Eles ganharam muito dinheiro com a gente, ano a ano. Em reconhecimento à extraordinária performance da Lew'Lara, pedimos que considerassem os 40% a serem pagos pela TBWA à vista como se fossem 100%, isto é, o valor integral da agência. Eles ficaram com 40% desse dinheiro e repassaram os 30% restantes em partes iguais a mim e ao Jaques, para que a gente pudesse ganhar um pouco mais e a operação valesse a pena para todos.

Todos os clientes apoiaram a mudança e permaneceram conosco. Nossos parceiros de mídia também. Estava tudo certo. A venda foi em novembro de 2007. Em janeiro, tirei férias: fui esquiar com a família em Aspen.

E fiquei um ano em profunda depressão.

* * *

NISSAN

Campanha: "Pôneis malditos", para a Nissan Frontier.

Não sou movido a dinheiro, mas a transformação. A venda não modificou minha vida pessoal. Moro na mesma casa. Faço as mesmas coisas.

Quando meu pai faleceu, de um câncer fulminante, em 1993, aos 66 anos, herdei a fazenda dele. Eu tinha 31 anos de idade, minha mulher, 27. Quando vendi a agência, eu já tinha comprado a parte dos meus irmãos na sede, reformado a casa, e ia para lá nos fins de semana.

Acho que meu pai adoeceu por causa da depressão. Ele tinha patrimônio, mas não tinha liquidez. Era um fazendeiro romântico, nobre de alma, como bom quatrocentão, e nunca admitiu vender a terra. Por sorte, eu tive meu irmão Fernando, que durante todo esse período, de 1992 a 2007, foi diretor financeiro da agência e nos deu seriedade e tranquilidade na gestão administrativo-financeira.

Ter vendido a agência me deixou mal, mas seguimos trabalhando; formalmente, além de ainda sócios, eu e Jaques continuamos como os principais executivos: passei a ser o CEO; ele, o CCO, o líder criativo. Começou então outra fase, início de uma revolução.

A TBWA tinha contas globais; logo que fechamos o negócio, começamos a recebê-las, como Nissan, para a qual tinha sido criado um conceito de disrupção muito forte: "Shift the way you move" ("mude o jeito como você se move"). Em 2011, criamos "Pôneis malditos" para o lançamento da picape Frontier, que marcou época. Liderados por Jaques, nossos talentos criativos – Manir Fadel, Mariana Sá, Luciano Lincoln, Cesar Herszkowicz, Max Geraldo – fizeram essa campanha, baseada no diferencial do produto, que era ter mais motor que os concorrentes.

O filme começa com uma picape atolando na lama. O proprietário desce do carro, gritando "pôneis malditos!". Começa a música, ironizando picapes com poucos cavalos de potência, e os poneizinhos de desenho animado aparecem cantando "pôneis malditos, pôneis malditos" quando ele abre a tampa do motor.

Foi um *case* de *recall* absoluto: viralizou, virou uma febre. O francês Christian Meunier, presidente da Nissan no Brasil, nos deu total apoio. Como cliente, foi extremamente corajoso, porque teve de peitar o *board* da montadora no Japão. Como parte de uma empresa global, a Nissan do Brasil tinha de tomar muito cuidado com as *polices* internacionais. Uma das principais era a de que não se podia brincar com os atributos da marca.

Recebemos também a conta da Pedigree, com a campanha "Louco por cachorro", criada por Lee Clow. Veio ainda a Pernod Ricard, que tinha uma campanha maravilhosa, das garrafas de Absolut; os pneus Michelin; Mars, com suas marcas de chocolate; e Niquitin, adesivo para fumantes que queriam parar de fumar, do laboratório GSK. A Adidas, que a Lew'Lara tinha atendido de 1992 a 1995, voltou com a TBWA. Sua campanha internacional era "Nothing is impossible".

Por outro lado, tivemos de abrir mão de contas que conflitavam com as que estávamos conquistando. Fomos falar com os queridíssimos Márcio Utsch e Rui Porto, presidente e diretor de comunicação da Alpargatas, respectivamente. Atendíamos a empresa desde 1997 com a marca Topper e fazíamos campanhas muito boas. Tivemos de deixar a Topper para atender a Adidas.

Abrir mão de contas que tínhamos conquistado com tanto empenho foi duro para mim, mas não tinha outro jeito. Eu, que vinha de 1992, ano em que a gente tinha de inventar cliente, porque não tinha quase nenhum, de repente recebia seis de uma vez só, sem fazer nada. Mais estranho ainda, tinha de deixar clientes que havíamos conquistado e viravam paixões. Naquele dia em que eu e o Jaques fomos explicar a situação ao pessoal da Alpargatas, saí do escritório do Márcio Utsch completamente arrasado. Toda vez que eu o encontrava, ele me gozava: "Uma agência que abre mão de uma conta!".

Na minha depressão, fiquei muito quieto. Porém... *never give up*: continuei trabalhando. Até porque receber todos aqueles novos clientes exigia um esforço tremendo. O alinhamento com a TBWA e a mudança radical no portfólio da agência foram um grande desafio – e uma experiência nova. Havia uma diretriz de fora, dizendo que eu tinha que trabalhar com aqueles clientes, mas eles também tinham de ser conquistados, para que pudéssemos trabalhar bem. A Lew'Lara virou uma agência icônica justamente porque os clientes estavam felizes trabalhando com a gente. Aquilo não ia mudar.

A relação – ou mais que a relação, o envolvimento – com o cliente, para mim, é fundamental. Hoje em dia todo mundo fala em capitalismo de valor compartilhado. Se existe uma área em que o capitalismo é fundamentalmente de valor compartilhado, é a publicidade. Debaixo do mesmo teto você coloca talentos de todas as áreas – atendimento, planejamento, criação, mídia e produção – para criar conteúdo, como as campanhas. E para isso é preciso todo mundo, principalmente o cliente. Não tem agência sem cliente, nem cliente sem agência.

Essa parceria tem de funcionar. Não existe algoz nem vítima nessa relação. Jaques e eu nunca admitimos na agência alguém reclamar de cliente. Sem ele, a gente não existe. Na Lew'Lara, desde sempre, se alguém do atendimento aparecia com um problema com o cliente, a conversa era:

– Vai lá se entender com ele. Almoça, joga conversa fora, faz qualquer coisa. Senão, essa animosidade vai transparecer de alguma forma na telinha da TV, na página do anúncio. Quando a gente não trabalha junto, e feliz, o resultado não fica bom.

Sempre acreditei nisso. Quando nos deparamos com clientes que não queriam trabalhar conosco, ou que não agiam corretamente, paramos de atendê-los. Nunca briguei com cliente nenhum, mesmo o do tipo que tira a conta do dia para a noite. Nunca. Saímos sem jamais romper com ninguém. Quanto às contas que prezamos e perdemos, também. Esse é um dom que a Lew'Lara sempre teve: deixa de atender clientes com dor no coração, mas sempre mantendo a amizade e uma ligação afetiva muito grande com eles. Toda vez que perdi uma conta, fui chorar em casa, com a minha mulher, mas ali, na hora, sempre fomos elegantíssimos.

A melhor resposta que podemos obter de um trabalho é quando deixamos uma parceria e ainda assim continuam o respeito e a admiração mútuos. Foi dessa forma, por exemplo, com a Natura, com quem estávamos terminando nossa relação, pelo prazo do contrato que estava se encerrando, quando se concretizou a venda da agência para a TBWA, que traria para nós também a conta da Nivea Beiersdorf, que pertencia à *holding* no mundo inteiro.

Mesmo deixando a Natura, levamos ainda um ano e meio, após a associação com a TBWA, para assumir a conta da Nivea. No Brasil, ela era atendida pela Africa, com o Nizan Guanaes, que fazia um trabalho maravilhoso para a marca, com a modelo brasileira Gisele Bündchen. O Nicolas Fischer, presidente da Nivea, sempre foi muito elegante comigo. Ele disse:

– Luiz, nós estamos muito satisfeitos com a Africa, e vocês estão terminando uma relação com a Natura. Vai chegar o dia certo para trabalharmos juntos.

Só depois daquele ano e meio e de muitas apresentações ao Nicolas e à Maria Laura Santos, diretora de marketing, é que conquistamos a conta efetivamente.

PEDIGREE

Campanha: "Cachorro é tudo de bom."

Aquela mutação da agência foi muito sofrida para mim. Trazer todos aqueles clientes novos de uma vez só e deixar outros clientes importantes era como construir uma agência do zero. Parecia que estávamos começando o negócio de novo.

No entanto, nem dava para pensar demais, porque aí veio uma concorrência global.

* * *

No fundo, o que vivíamos era mais uma etapa na história da propaganda, não apenas no Brasil como no mundo, que passava pelo processo de internacionalização dos negócios. Isso fazia com que tivéssemos de pensar no mercado global e trabalhar não apenas para dentro, como para fora. A estrutura internacional da TBWA trazia essa oportunidade.

Em 2009, a TBWA foi convidada para participar da concorrência da Visa. Representando todos os países em que atuava, a *holding* chamou os melhores profissionais das suas agências para ajudar na proposta a ser apresentada, na competição com outras agências mundiais.

A Lew'Lara\TBWA ajudou muito na conquista da Visa. Jaques enviou para Los Angeles o Dedé Laurentino e o Manir Fadel. Eles trabalharam com a equipe da Chiat\Day, que liderava a proposta, concentrando talentos do mundo inteiro para fazer a apresentação, e ganhamos a conta internacionalmente.

Começamos a atender a Visa no Brasil com a campanha global "Go Visa". Eu conhecia a vice-presidente de marketing da Visa no Brasil, Andrea Pinotti Cordeiro, que tínhamos atendido em 2001, quando ela trabalhava na Patagon. Com ela e com Luís Cassio Oliveira, diretor de marketing, lançamos "Go Visa" na camisa do Corinthians, em 8 de março de 2009, num jogo em que o time empatou por 1 a 1 com o Palmeiras, em Presidente Prudente, no interior do estado de São Paulo. Foi um grande evento, por causa da estreia de Ronaldo Fenômeno pelo time – e ele fez um gol.

Com a Visa, atendida dentro da agência pela Valentina Ursini, passamos a ter sete clientes novos. Era uma nova agência, com um novo presidente: aos 45 anos, eu recomeçava. É verdade que, como havia dito o Nizan, eles de fato nos davam muita autonomia. Com todo aquele sofrimento das saídas, mas também com alegrias, era uma fase inteiramente nova.

ADIDAS

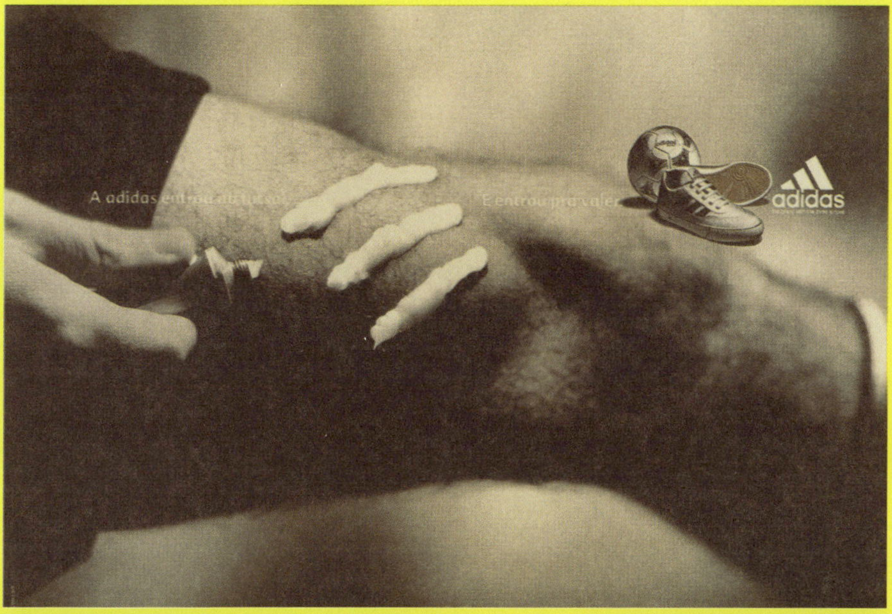

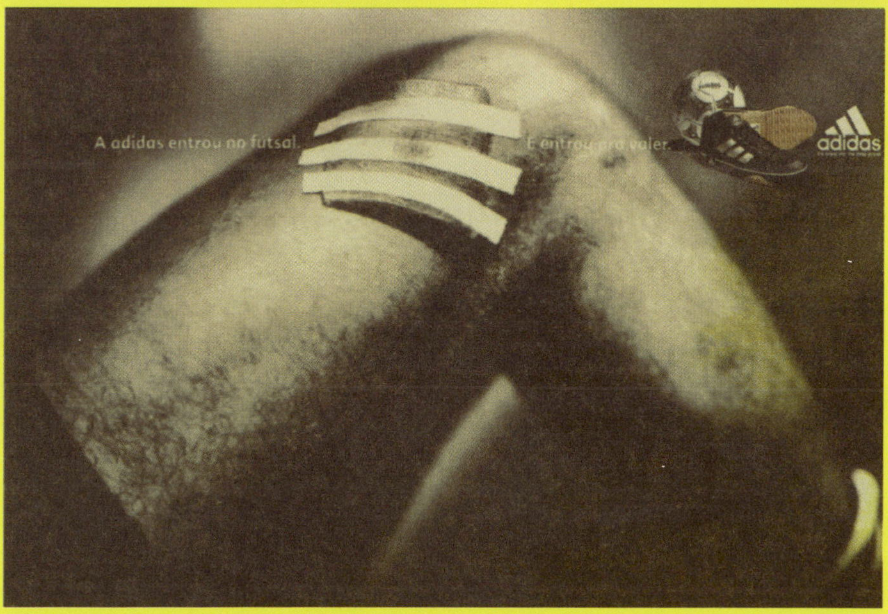

Campanha: "Adidas entrou no futsal. E entrou pra valer."

Quando a Visa entrou, comemoramos muito, porque a conquista tinha um pouco de sabor brasileiro, graças à participação do Dedé e do Manir na concorrência. Por outro lado tivemos de deixar outra conta, que para mim era preciosa: a do Real, cliente emblemático da agência desde 1999, marco do nosso crescimento, assim como no do banco, que nesse período se tornou ABN AMRO e depois Santander.

Quando a Lew'Lara ganhou a conta da Visa com a TBWA, eu e Jaques fomos felizes contar para o vice-presidente de marketing, Fernando Egydio Martins, e para Fábio Barbosa, que permaneceram no banco, como Santander. Não imaginávamos que haveria algum problema.

– Isso pode criar um ruído aqui – disseram.

A maior parceira do Santander era a Mastercard, bandeira utilizada por 80% dos clientes. Com a notícia de que havíamos ganhado a conta da Visa, Fernando e Fábio ficaram tristes – e nós, que achávamos que tínhamos ido dar uma boa notícia, ficamos desapontados.

Como nós tínhamos uma ótima relação e havíamos contribuído muito com o planejamento e o posicionamento do banco, continuamos a atender o Santander por mais algum tempo, até março de 2011, quando, na concorrência seguinte, a conta foi para a Talent.

Elegantemente, Fábio Barbosa e Fernando Egydio Martins marcaram uma tarde na Churrascaria Rodeio, nos Jardins, para conversar conosco e agradecer o trabalho feito. Mesmo assim, fiquei muito triste e inconformado, porque tínhamos uma ligação afetiva muito grande com a história que construímos com o Real/Santander e toda a equipe do banco.

Naquele dia, depois que tomamos o café, no Rodeio, fui para o banheiro e tive uma crise de choro. O Jaques teve que ir lá me resgatar. A minha fase de depressão já tinha passado, a gente estava superbem, mas o simples fato de ter parado de atender o banco me deixou mal.

A chateação eu levo para casa; Bia, minha mulher, sofre comigo, mas o mercado não é justo: é, o mercado tem seus movimentos... Em muitos deles, você pode atuar; em outros, simplesmente precisa engolir os fatos, faz parte. No mercado profissional não há vítimas: é uma questão de escolha.

* * *

Aqueles clientes, principalmente os que criamos e com quem crescemos juntos, são como filhos, que por sua vez são as marcas. A relação com os donos dessas marcas também é muito pessoal. Quando a gente parou de atender a Schin – a conta foi para a Fischer em 2002, e a Fischer fez um *case* brilhante com a Nova Schin – também fiquei muito triste. Principalmente pela proximidade que eu tinha com o Nelson e o Adriano Schincariol. Porém, graças a essa mesma relação, um ano depois, em 2005, com apoio fundamental do Luiz Claudio Araújo, diretor de marketing, eles voltaram a trabalhar conosco: entregaram a nós a conta da linha de refrigerantes e das cervejas Primus e Baden Baden.

A Lew'Lara – o Jaques e eu, com toda a equipe – sempre vestia a camisa do cliente. A agência é uma extensão da área de marketing da empresa – sendo ela cogestora das marcas, sempre nos sentimos os seus guardiões; são relações afetivas muito fortes. O período de mudança para a TBWA, nesse aspecto, por um lado foi muito duro, por causa das relações que tivemos de desfazer num período muito curto, e por outro lado foi muito rico porque entraram clientes fabulosos.

A agência tinha um bom desempenho, mas estava mudando muito, não só por causa da associação com a TBWA, mas também pelo mercado, que mudava com os tempos. Em 2007 deixamos de atender a Nokia, depois do lançamento do iPhone – um *turn around*, divisor de águas no mercado de celulares. A TBWA tinha a Media Arts Lab, com a conta da Apple, que ainda não tinha vindo para o Brasil, mas precisávamos estar prontos para aquele momento; estávamos nessa expectativa de receber a conta no Brasil, o que veio a se cumprir em 2014.

Surgiram novos caminhos. Com um pouco mais de *expertise* nessa área, passamos a atender mais contas do governo. A partir de 2008, passamos a ter como cliente a Companhia de Saneamento Básico do Estado de São Paulo (Sabesp), marca muito querida e admirada pela população – algo difícil, porque oferece um serviço contínuo. Fizemos um *case* muito bonito com ela. Como não atendíamos mais o Santander, procuramos outro banco e disputamos e ganhamos, em setembro de 2011, a conta do Banco do Brasil – uma empresa de economia mista, parte do governo, parte com ações na Bolsa.

O Banco do Brasil, desde então, é um dos principais clientes da Lew'Lara\TBWA, e, graças à seriedade da equipe de marketing do cliente, nós tivemos a oportunidade de juntos criar campanhas que rejuvenesceram a imagem da empresa, trazendo excelentes resultados na conquista e na conversão de clientes – além de podermos trabalhar com causa e propósito para uma instituição que disputa mercado, mas que tem espírito público. Ali tivemos a oportunidade de ousar criativamente, com apoio de clientes como Alexandre Alves, Paula Sayão, Ana Carolina Castro, entre outros, de uma equipe muito dedicada que temos o privilégio de atender nessa trajetória conjunta.

Chegou, então, o momento de decisão. Em 2012, terminou o *earn out*: a TBWA liquidou o pagamento para mim e para o Jaques. No entanto, fizeram uma nova proposta: que ficássemos por mais cinco anos. Dariam a nós novamente uma participação acionária, com um novo *earn out*. Tínhamos de tomar uma decisão, que marcou uma nova etapa para a agência e também para a minha vida.

* * *

Em 2012, aos 68 anos, Jaques já estava querendo se aposentar. Decidiu sair. Eu preferi ficar.

Tínhamos a independência que esperávamos. As multinacionais existem, mas só funcionam se respeitarem os mercados e as lideranças locais. Sem brasileiros no comando, a propaganda deixa de ser brasileira. O Washington Olivetto dizia: "Perde o molho". O conteúdo que dá repercussão é local. Por isso, a cara da Lew'Lara, da Africa, da Almap e outras ainda é brasileira.

Naqueles anos com a TBWA, eu tinha vendido 7,5% da minha participação na agência e permaneci com outros 7,5%. Sugeri ao Tom Carroll, CEO global, passar de CEO a *chairman*. Convidamos para o cargo de CEO o Márcio Oliveira, que estava conosco desde 1999, quando entrou como gerente de atendimento do Banco Real. Em 2012, ele passou a ser sócio e CEO da agência. Colocamos também o Manir Fadel como o novo CCO, o diretor criativo, no lugar do Jaques. Eu seguia na agência como *chairman*, mas recompusemos uma dupla para ser o seu dínamo no plano executivo.

O Jaques ficou ainda um ano fazendo a transição. Depois, morou um tempo em Nova York. Ao voltar, foi conhecer o Google. A convite do Fábio Coelho, presidente do Google no Brasil, fez um estágio na empresa. Queria aprender mais sobre o meio digital e abrir um canal com todas as agências: era, como ele dizia, o "doutor estagiário". Esse era o espírito leve, divertido e anárquico do Jaques Lew.

BANCO DO BRASIL

Campanha: "Acessibilidade."

Nossa intenção, ao deixar uma nova dupla no comando executivo da agência, era completar o projeto de perenizá-la, de forma a não depender de nós – e dar espaço para os nossos profissionais, que estavam crescendo. Vários talentos da agência foram conquistar o mundo. Dedé Laurentino foi trabalhar primeiro na TBWA e depois na Ogilvy de Londres. Marco Versolato foi para Singapura. Muitos outros criativos, como Manir Fadel, foram brilhar mundo afora. Vivemos um período em que era importante abrir um horizonte para os que trabalhavam conosco, para que continuassem na agência.

Com sua nova dupla executiva, a Lew'Lara\TBWA seguiu crescendo. Em 2013 começou um *case* do qual nos orgulhamos muito: o da Friboi. Atendíamos o Grupo JBS desde 1999, quando lançamos Albany e Minuano na região Centro-Oeste do Brasil. Em 2001, a JBS começou a fazer mídia nacional; em 2007, deixou a Lew'Lara e foi para a DM9, mas voltamos a atender Minuano dois anos depois, em 2009. O melhor, porém, veio depois.

A gente não procura cliente depois que sai: é chato incomodar, porque ele está com outra agência, que é boa, e vai fazer um novo trabalho. Porém, essa postura, e manter a relação, faz com que muitos clientes voltem. Foi o caso da Schincariol e também da JBS. Os acionistas, Wesley e Joesley Batista, sempre falaram que queriam criar uma marca de carne, produto muito vendido nos supermercados e nos açougues. Havia chegado a hora.

A carne é uma conquista na mesa dos brasileiros, todo mundo gosta. Tem um lado gregário muito forte: reúne as pessoas à mesa, no churrasco de fim de semana. No entanto, carne não tinha marca. O cliente comprava aquela que achava estar com a cara melhor ou pela recomendação do açougueiro. Com a marca, cria-se valor e pode-se aumentar a venda no supermercado, que é onde as pessoas concentram as suas compras.

Naquela época, a imprensa veiculava muitas reportagens sobre matadouros ilegais, que estavam mais perto do que a gente imaginava – dentro de uma cidade cosmopolita como São Paulo, por exemplo, funcionavam vários. Essa situação da carne servida à mesa oferecia risco, porque esses matadouros não seguiam as melhores práticas sanitárias nem tinham o selo do Serviço de Inspeção Federal (SIF). Havia, portanto, espaço para o surgimento de uma marca que garantisse a qualidade do produto.

Já existia a marca Friboi, mas ela nunca tinha sido publicizada. Criamos a campanha com o ator Tony Ramos, pela enorme credibilidade que ele passava, baseada na história dele na dramaturgia, e por participar pouco de campanhas publicitárias. Foi um grande acerto. Colocamos o Tony primeiro fazendo o trabalho educativo: explicava que Friboi seguia as melhores práticas sanitárias e de higiene, com inspeção federal. Na sequência, ele ia aos supermercados e açougues, falando com a dona de casa, com a família, na hora da compra. Repetia o bordão: "Pergunta se é Friboi". Repetia que a carne deve ter rigoroso controle de qualidade, garantia de origem. A assinatura da campanha era: "Carne de confiança tem nome: Friboi".

Tony viajou o Brasil inteiro fazendo esse trabalho. Em cada parte do país, o consumo de carne é diferente: há lugares onde se come mais miolo, em outros, alcatra, e assim por diante. Ele visitava pontos de venda e chegou a entrar na casa das pessoas – tudo gravado. "Invadia" a cozinha quando a família estava almoçando e perguntava se a carne era Friboi. Interagia com médicos e nutricionistas, para falar sobre o valor da proteína na alimentação. Teve uma atuação brilhante. A campanha virou bordão nacional.

Em 2016, vimos na mídia que Roberto Carlos, depois de adotar o regime vegano por um período, tinha voltado a comer carne. Falamos com o empresário dele, o Dody Sirena, e trouxemos o Rei para a campanha, com a música "Eu voltei". Depois utilizamos outra canção dele na campanha: "Como é grande o meu amor por você".

Por um período, a Friboi patrocinou a turnê de Roberto, que fazia cerca de quarenta shows ao ano pelo país – cheguei a ir, com a família Batista, a um dos célebres cruzeiros em que ele se apresentava. Aquele patrocínio era interessante, pela adequação do público: Roberto sempre falou muito com a dona de casa, com a família brasileira. Nós ainda oferecíamos ingressos para os shows aos supermercadistas e a todo o *trade*, como parte do relacionamento. Enquanto isso, seguia no ar a campanha com o Tony, que durou de 2013 a 2017.

Fomos muito bem-sucedidos. Poucos casos atingem esse patamar de reconhecimento da marca, a ponto de virar sinônimo do próprio produto. No *case* Alpargatas, que fez chinelo de borracha virar Havaianas, a primeira grande campanha foi estrelada pelo humorista Chico Anysio, que falava: "Não deforma, não solta as tiras e não tem cheiro". A partir de 1992, a campanha de Marcello Serpa e José Luiz Madeira, com celebridades usando Havaianas, deu prestígio, *status* e um caráter *fashion* ao produto: "Todo mundo usa". Resultado: Havaianas ganhou o planeta e passou a ser um produto da moda brasileiro, vendido por 40 euros na Europa, como já mencionei.

A propaganda também fez esponja de aço virar Bombril. Com a campanha que tinha uma carga afetiva com a dona de casa, Washington Olivetto criou o personagem mais longevo da propaganda mundial: o "garoto Bombril", interpretado por Carlinhos Moreno, que fez muito sucesso. Já nós fizemos carne virar marca, com "pergunta se é Friboi", e, depois de fixá-la, passamos a fazer a segmentação, dando-lhe elasticidade.

A partir do momento que você constrói uma marca, ganha autoridade e uma relação com o consumidor que permite desenvolver categorias de produto. Além da Friboi, carne para todo dia, lançamos Reserva e Maturatta, carnes para churrasco; a 1953, uma carne mais nobre; e a Do Chef Friboi. Em março de 2025, entrou no ar uma nova campanha, não mais com o Tony Ramos, mas com um açougueiro, o Valdir, para falar da Friboi Reserva e das outras marcas especiais.

Esse trabalho fantástico se deve primeiro à crença da empresa – o cliente – na comunicação. A partir dessa base construída com a marca Friboi no Brasil, os irmãos Batista saíram para o mundo. Fizemos o anúncio quando eles compraram, em 2006, a Swift Armour na Argentina e nos Estados Unidos, aproveitando a paridade do real com o dólar para alavancar a empresa.

Em 2007, eles simplesmente compraram as duas maiores empresas de carne dos Estados Unidos: a Pilgrim's Pride e a US Beef. Começaram a expansão global que tornou a JBS a maior empresa de alimentos do mundo. Passaram a ter três grandes *holdings*: a JBS Foods, que reúne as marcas internacionais; a JBS USA, líder do mercado de carne nos Estados Unidos; e a JBS Mercosul, que tem no Brasil a Friboi, a Swift e a Seara. A empresa tem um time de executivos excepcional, com muita autonomia, e é um brinco: são competentíssimos. Friboi tornou-se um cliente importante, foi um grande *case* da Lew'Lara.

Outro *case* maravilhoso foi o lançamento da fábrica da Nissan no Brasil, com uma capacidade muito grande de produção, em Resende, no interior do Rio de Janeiro. Com o François Dossa, presidente da Nissan naquele momento, lançamos o Kicks na Olimpíada de 2016, no Rio de Janeiro. A ativação da marca na Olimpíada incluiu o Hotel Nissan, na orla de Copacabana. Acompanhei tudo de perto. A convite de Dossa, cheguei a carregar a tocha olímpica na Avenida República do Líbano, em frente ao Ibirapuera, um momento histórico para mim. O Kicks se tornou um SUV muito bem vendido entre os líderes na sua categoria.

FRIBOI

Campanha: "Carne de confiança tem nome."

Com meu envolvimento na condição de *chairman*, o período sob o comando do Márcio Oliveira e do Manir Fadel foi maravilhoso. Embora ainda muito envolvido com os clientes no planejamento e nas campanhas, ao lado do Márcio, pude sair do dia a dia da agência e me dedicar a outras áreas da comunicação, que passou a ser 360 graus. Concentrei-me sobretudo no crescimento da comunicação digital, que criou outros desafios e gerou uma sociedade de mudanças muito mais rápidas, com grande impacto na nossa vida, na comunicação e no mundo, de forma geral.

Nessa área, tudo parecia novidade. O importante, porém, é não perder o jeito com que a gente faz, e que vem do aprendizado da vida inteira. Como na promoção, na propaganda e nas relações públicas, o meio digital obedece aos mesmos critérios gerais para funcionar bem, assim como depende de algo mais amplo: o desenvolvimento da sociedade e do país.

6

O MEIO DIGITAL E UM PADEIRO

Em 2004, levei o cantor e compositor Gilberto Gil, então ministro da Cultura, ao Projeto Casulo, uma escola que fizemos na comunidade do Real Parque, no Morumbi, em São Paulo. Sou um dos fundadores do Instituto de Cidadania Empresarial, que desde 1999 investe em negócios de impacto social, algo que gosto de fazer.

Somos bem amigos há muito tempo; Gil pegou meu filho Chico no colo quando era bebê. No Casulo, ele se juntou ao pessoal do samba, batucou com a turma, se divertiu.

Na saída, perguntei a ele qual era o segredo daquela energia toda.

– Eu roubo dos jovens – ele disse. – Eu me reenergizo com eles aqui.

Eu também me energizo com os jovens. Acho que foi isso que o Alex Periscinoto viu em mim quando eu ainda era estudante no Colégio Rio Branco. Eu tinha chegado a essa fase do Alex, de buscar outras energias, quando começamos a negociar a venda da Lew'Lara para a TBWA. Para mim, tinha acabado um ciclo. Não só para mim: nessa época, todo o mercado publicitário, como o mundo, estava num novo começo. Havia um outro e jovem mercado, em que precisávamos começar do zero.

Em 2007, ao lançar o iPhone, Steve Jobs levou ao extremo o conceito da portabilidade: você anda para qualquer lugar com aquela telinha, o *smartphone*, que é como uma televisão, porém com todo tipo de conteúdo. E mais: ele permite interagir com o produtor do conteúdo e produzir conteúdo também. Foi pioneiro na economia do *design* que estamos vivendo agora, com um produto de alta tecnologia, mas fácil de usar. Mudou não só o conceito do computador – assim como o carro, no século passado, mudou o conceito de mobilidade, de experiência, de informação. Mudou a vida, mudou tudo.

O mercado apontava para um futuro cada vez mais digital. Fragmentou-se a mídia. Aquele sistema de TV aberta, TV a cabo, rádio, jornal e revista, com tempo diferido, isto é, uma informação que leva um tempo para chegar às pessoas, começou a acabar. As redes sociais, os portais, os sites, tudo passou a trazer conteúdo em tempo real. A comunicação se tornou dinâmica, presente e influente o tempo todo. Foi uma revolução e tanto.

A mídia tradicional não acabou: a imprensa passou a ter o desafio de monetizar o negócio nesse novo ambiente, e jornais e revistas tiveram que se reinventar no mundo inteiro. As séries de *streaming* norte-americanas passaram a ficar repletas de *merchandising*, assim como as novelas de rádio antigamente eram patrocinadas por produtos da Unilever.

O investimento migrou junto com o hábito do consumidor. Com uma diversidade maior na comunicação, é preciso também uma multiplicidade de talentos, com *expertise* diferente. Em vez de ter uma agência de publicidade *full service*, porém, vi inicialmente a tendência das agências especializadas em diferentes disciplinas da comunicação. Olhei para o que estava acontecendo, e, antes ainda da venda para a TBWA, criamos a iD – uma agência digital.

O sócio majoritário era a Lew'Lara. Como pessoas físicas, entraram na sociedade Augusto Cruz Neto, diretor de planejamento e atendimento da Lew'Lara, e Fernando Lara, ex-diretor administrativo. Vieram ainda Igor Puga, profissional de *data* e mídia, e Domenico Massareto, de criação. Ambos ainda muito jovens, Igor e Domenico chegaram identificados por mérito do Jaques; senti neles uma veia empreendedora desde o primeiro momento, e, de fato, fizeram uma dupla espetacular.

Eu queria que a iD fosse uma incubadora que espalhasse a cultura digital dentro das empresas, a começar pela própria Lew'Lara. Sou um capricorniano irrequieto: a gente nunca pode ficar na zona de conforto. Na agência, a mídia *off line* ainda era muito grande, e a área digital não receberia a atenção devida se não criássemos um núcleo para incubar e espalhar uma nova mentalidade.

Esse serviço podia também ser vendido para outras empresas que tinham a mesma dificuldade, naquele período de transição do meio físico para o digital. A internet vai muito além da comunicação digital; muda o jeito de comercializar e distribuir produtos e serviços. Afeta tudo, não apenas a publicidade, como a própria venda, a distribuição e a produção: toda a cadeia do mercado.

Dessa forma, fomos pioneiros no meio digital. A iD transformava os negócios das empresas. Grandes marcas estavam mudando seu perfil para adequá-lo às plataformas digitais. Não apenas desenvolvemos comunicação; trabalhávamos com as empresas no sentido de se reconfigurarem como *retail media*, isto é, virarem companhias digitais, que funcionavam como tal, desde o primeiro contato com o cliente, até então físico, para fazer a venda on-line, a entrega do produto ou do serviço e o pós-venda.

Tínhamos a experiência da Natura: antes, as consultoras se encontravam pessoalmente com as compradoras de seus produtos. Aos poucos, as vendas on-line passaram a ser tão importantes para a empresa que o meio digital mudou toda a dinâmica do negócio – da abordagem na venda para as clientes ao relacionamento e todo o sistema de logística e distribuição. Mais do que nunca, a comunicação estava associada não apenas à conceituação da marca e à venda do produto, como a toda a operação do negócio.

Assim, em vez de simples aceleradora digital, a iD atuava, no fundo, como uma consultoria estratégica: um *lab* transformador dos negócios dos clientes. Começou com um bom desempenho e cresceu muito, graças ao talento do Igor e do Domenico. Usando muita criatividade, eles faziam a convergência digital do negócio dos clientes; mediam a performance da conversão de conteúdo digital em vendas efetivas e acompanhavam toda a mudança logística necessária por trás dessas vendas.

Para muitos negócios, a venda pelas plataformas digitais se tornou importante; trouxe ganhos de escala e mudanças logísticas. O meio digital permite fazer uma nova abordagem, porque é transversal: mudou a jornada do consumidor. A divisão do mundo entre físico e digital acabou. A publicidade e o meio digital passaram a crescer juntos.

O *awareness* – o alerta para o conteúdo – é feito pela campanha publicitária, que divulga a marca e faz o seu posicionamento. Pela campanha, você cria o vínculo com o cliente: emocional, afetivo, com credibilidade. Porém, o digital é que passou a fazer boa parte da conversão dessa percepção em venda; ela é traduzida na performance.

A comunicação se converteu em vendas para as consultoras da Natura? Quantos cartões de crédito foram conquistados pelo Santander? Quantas vendas on-line são feitas pelas Pernambucanas? Essas eram as perguntas que fazíamos na iD. Estudávamos a jornada do consumidor – a pessoa que passeou pela loja virtual querendo escolher seu SUV, foi à concessionária e comprou o Kicks.

Ao mesmo tempo que se desenvolvia a iD, eu via os clientes investindo cada vez mais em experiências com as marcas, em eventos e ações promocionais. As agências que eram *full service* passaram a diversificar seus negócios, e vi a oportunidade de reaver um pouco o que aprendi lá atrás, na Almap, criando em 2007 uma agência para ter uma pegada maior na área promocional: a Mood – "humor", em inglês, como na música de Glenn Miller, "In the mood".

Não fui só eu: outros grupos abriram agências mais especializadas, para atender a diversificação da comunicação, em que a experiência era importante. Nizan Guanaes, por exemplo, dentro da holding ABC, tinha uma empresa de eventos musicais chamada XYZ. Grandes empresas investiam no mundo da experiência: havia a Natura Musical, o Teatro Bradesco e o Credicard Hall.

Convidei Augusto Cruz Neto para tocar a Mood. Ele, que começou na Lew'Lara atendendo Alpargatas e Schincariol, era muito jovem, um atacante rompedor, em quem enxerguei, como diretor de atendimento, um talento muito além da publicidade. Como associado, ele trouxe para a Mood outros talentos: o Fábio Meneghati, criativo, e o Paulo Henrique Gomes, o PH, diretor de atendimento e planejamento.

A TBWA compra agências já pensando na possibilidade de crescer multidisciplinarmente. Quando nos associamos a eles, em 2007, a Mood estava começando, não entrou no negócio. Porém, tínhamos um pré-acordo de que, se ela crescesse, poderia entrar para o grupo. No caso da iD, a TBWA já quis ser sócia: viam ali um potencial de crescimento enorme. Isso agregou valor à venda da Lew'Lara, e os sócios da iD também ganharam dinheiro.

A Lew'Lara, a iD e a Mood concorriam entre si, cada uma com seu posicionamento, suas características e seus líderes. Na Mood, a equipe fez *cases* de comunicação importantes, com uma pegada promocional muito forte, como para a cerveja Devassa. Lançou uma série de eventos no Carnaval carioca, com camarote, para o qual eram convidadas personalidades, em especial a "Garota Devassa".

A primeira a ser escolhida para representar a marca, também convidada para estrelar o Carnaval, foi Paris Hilton, herdeira da rede de hotéis Hilton. Célebre pela resposta que deu quando lhe perguntaram por que era tão famosa ("sou famosa porque sou famosa"), ela foi a protagonista de uma campanha que marcou época.

Criou-se então a expectativa de saber quem seria a próxima "Garota Devassa". A campanha surpreendeu ainda mais com a Sandy, que estava deixando de cantar com o irmão, Júnior, e tinha a imagem de garota toda certinha, comportada. Foi uma revolução na mídia.

Além da Devassa, a Mood fez um trabalho muito bom para a Baden Baden e a Eisenbahn; eram as três marcas *premium* que o Grupo Schincariol tinha comprado. Por serem mais de nicho, utilizavam muita experiência no relacionamento com os consumidores.

Com Augusto Cruz no comando, a Mood estava indo muito bem, e o Tom Carroll e o James Fenton decidiram comprar a agência em 2011. Ela existiu até 2017, quando Augusto decidiu sair – tornou-se diretor de marketing da Cimed, com João Adibe Marques, e depois da EMS, maior empresa de medicamentos do Brasil, líder em genéricos.

Alguns clientes da Mood vieram para a Lew'Lara, Fábio Meneghati e PH também; as mesmas equipes continuaram atendendo os clientes. Em 2019, Fábio e PH saíram para montar outra agência, a Greenz, acelerada pelo Google e pela Ace, voltada para a comunicação digital.

Como *chairman* da TBWA, segui coordenando a Lew'Lara e a iD, que permaneceu autônoma. Alguns de seus clientes na área digital eram da Lew'Lara, como a Nissan. Mas eles atendiam também a Renault, que a Lew'Lara não atendia. A iD atendeu ainda o Banco Santander, inclusive quando encerrou sua relação com a Lew'Lara. Encerramos a relação com a Natura na Lew'Lara, a iD continuou. Pernambucanas, a mesma coisa. Alguns clientes entraram na iD pela Lew'Lara, outros vieram para a Lew'Lara pela iD, como a Audi.

Com o tempo, a iD começou a voar. Ela, que começou como uma agência digital independente, passou a fazer o que as agências de publicidade faziam e se tornou uma agência 360 graus, quer dizer, completa. Percorreu o caminho contrário das grandes agências: enquanto as outras agregaram o digital à publicidade, a iD entrou na publicidade a partir do digital. Isso porque não dá mais para separar as duas coisas – a comunicação é integrada. Como ambas são agências 360, concorrem entre si, disputam mercado, e a iD chegou a ter dois terços do faturamento da Lew'Lara.

Igor Puga e Domenico Massareto eram muito jovens; quando começamos, eles eram garotos de 25 anos e, aos 30, queriam inventar coisas novas. Para alçar outros voos, deixaram a iD em 2013. No ano seguinte, por indicação do Igor, veio a Camila Costa, que se tornou presidente e sócia da agência – e passou a fazer um trabalho também excepcional. A cultura da Lew'Lara\TBWA encontrou um terreno fértil na iD, porque nosso trabalho sempre esteve associado à reestruturação das empresas, cujo funcionamento na era digital está integralmente ligado à comunicação.

A tecnologia, a criatividade e os dados permitem que a conversa hoje comece com a conexão. Os dados são rastreados: a gente descobre quem é a pessoa, se ela viaja muito, para onde vai, se precisa de um plano de saúde que possa usar fora do Brasil, se tem uma casa de praia ou de campo, se trabalha muito em casa. A partir desses dados, a iD, por meio das diferentes plataformas, se conecta com a pessoa e personaliza a linha de comunicação.

A agência atende a Claro, por exemplo, na área digital. Descobre o cliente da concorrente, aborda esse cliente para que se torne cliente Claro. Se ele já é assinante da Claro, estuda esse cliente; tenta fazê-lo permanecer na Claro e melhorar o *share* com ele: se é casado, se tem filhos, oferece um pacote familiar; se tem TV em casa, vende Claro TV; se tem casa no interior, faz outro pacote; se trabalha em *home office*, pode vender o serviço corporativo da Embratel.

Todo esse trabalho é feito com base nos dados dos consumidores, trazidos por algoritmos, que chamamos de *performance*: o objetivo final é fazer a conversão do conteúdo digital em venda.

A pandemia de covid-19, quando todo mundo ficou em casa, ao menos por um certo tempo durante o *lockdown*, mudou os hábitos de trabalho e de consumo e acelerou o processo, não apenas no Brasil como no mundo inteiro. O aumento das vendas on-line forçou a mudança na distribuição e na comercialização de produtos e serviços. Na própria iD e na Lew'Lara, a maior parte da equipe, de mais de quatrocentas pessoas, passou a trabalhar em *home office* – nem há mais espaço na agência para todo mundo.

O digital está em tudo: no meio *out of home*, com *displays* que funcionam como TVs, 24 horas por dia; no jornal, que antes se lia uma vez ao dia, em papel, e agora se lê o dia inteiro, pois as notícias são on-line, em tempo real; está nas revistas e no rádio, que virou TV; está na TV e no *streaming*, que é a TV *à la carte*. Até a TV Globo, maior emissora de sinal aberto do país, passou a disponibilizar todos os seus canais e o conteúdo antigo no Globoplay, seu serviço de *streaming*, que pode ser acessado em qualquer lugar do mundo.

A TV Globo mudou com o mercado. No passado, ganhou espaço por ter construído uma rede nacional; hoje, com a mídia digital, a grade local passou a ter mais força. É muito difícil hoje uma marca fazer mídia nacional, porque é preciso ter muito fôlego, seja na distribuição, seja na verba para grandes campanhas, como ainda fazem companhias como a Ambev. A publicidade, em sua maior parte, hoje, é local, estadual ou regional. As redes das emissoras de TV e rádio permitem isso, e o resultado é que as suas afiliadas passaram a ir muito bem.

Em 2020, foram vendidos 12,6 milhões de *smart* TVs no Brasil, 98% do total, de acordo com a Associação Nacional de Fabricantes de Produtos Eletroeletrônicos (Eletros) – um crescimento de mais de 300% em sete anos. Isto é, a maioria das TVs já vinha com canais embarcados e, no *streaming*, uma programação que vai sendo individualizada para cada pessoa.

Com a TV 3.0, torna-se possível comprar na hora, por exemplo, a camiseta usada pelo personagem da novela. Trata-se de uma hiperpersonalização do conteúdo: a TV que uma pessoa vê é diferente da TV de outra pessoa. A oferta de conteúdo – e também de produtos e serviços – é igualmente diferente, com interação em tempo real e a mesma linguagem on-line, para atender aos interesses individuais e, ao mesmo tempo, refinar a venda.

Alguns programas de TV foram pioneiros nesse tipo de marketing. No *Big Brother*, que aqui no nosso país é exibido pela TV Globo, tudo se comunica. Ele é um grande teste de multiconexão. As marcas que estão no programa têm produtos que podem ser encomendados pelo Mercado Livre; você descobre o perfil do comprador e começa pela própria emissora a oferecer o que interessa a ele.

É a mesma filosofia do *smartphone*. Antes, a comunicação terminava na conexão com o cliente. Agora, ela começa na conexão. Uma vez em contato com o cliente, você conversa com ele, até a conversão do funil. Isto é, o meio digital permite que você entre na jornada do consumidor e dialogue sobre suas preferências, oferecendo os produtos e serviços certos para ele, até o momento da compra.

É uma catequese. Na comunicação do passado, a gente jogava as pedras no lago: uma inserção no *Fantástico*, da TV Globo, um anúncio na revista *Veja*, outro no *outdoor*. Esse *awareness* ainda é importante, mas o jogo agora começa na conexão. Entrar no *Big Brother Brasil*, por exemplo, não são só os pontos que a TV Globo dá de audiência. É a conversa que as marcas despertam estando dentro do conteúdo.

Os BBBs são influenciadores, da mesma forma que as garotas-propaganda dos anos 1950, como a Vida Alves, da antiga TV Tupi. Isso porque os quadros do *BBB* são publicitários; permitem a conexão da marca e ativam as vendas. Pelo *QR Code*, você compra Seara no Mercado Livre, por exemplo.

A jornada do consumidor não é mais visitar três concessionárias e escolher entre um Nissan, um Renault ou um Volkswagen. Ele entra no celular e compra o carro ali. Com os recursos digitais, eu meço essa jornada, personalizo a venda e entrego aquilo que o consumidor quer.

Estamos no mundo da cauda longa; em vez da pedra no lago, passamos a viver em várias ondas. Antigamente, o Faustão lançava no programa da tarde de domingo na TV Globo o novo CD do Gilberto Gil, que então era vendido para 1 milhão de pessoas. Hoje, Gil está vivendo de ondas: faz um monte de shows, em vários estados, que vão repercutindo localmente; o disco sai depois da música no Spotify e repercute nacionalmente na TV.

O jogo começa na conexão, que se baseia no dado, mas, sem a intuição, a propaganda caminha para um comodismo perigoso, medíocre e regressivo. Se você não sabe usar os dados e fazer a mágica criativa, não cria nada novo, nem terá uma comunicação eficaz, que realmente mexa o ponteiro.

No meio digital, a partir do momento em que você lança uma campanha, ela não é mais sua. Imediatamente o consumidor recebe o conteúdo e o repassa. O brasileiro adora fazer o *meme*, criar, recriar, difundir. Esse conteúdo pertence à sociedade, entra na cultura popular. Essa resposta é medida: permite que a conversa continue e vá sendo postada, causando um efeito em cascata.

No passado, as medições da publicidade eram um espelho retrovisor; agora, com a tecnologia, você consegue ver o resultado em tempo real. Isso tira um pouco a intuição? Pode ser. Porém, se é importante conhecer o dado, mais importante ainda é nunca abrir mão da ousadia.

Antes, você lia o jornal do dia e esperava a capa da *Veja* sair no sábado para saber qual ministro ia cair. Agora, lê jornal o dia inteiro, e mesmo as revistas que eram semanais se tornaram noticiário on-line. Da mesma forma, no passado, levava um tempo para a gente saber se uma campanha tinha efeito; agora, essa administração é o tempo todo.

Apesar de estarmos testando uma campanha a todo o momento, é importante continuar na linha da comunicação. Aquele que muda ao sabor do vento, querendo fazer tudo que o consumidor quer, vai perder a missão, os valores e os atributos da marca. O consumidor percebe isso na conversa; você é testado em tempo real.

Publicidade, além de uma grande ideia, de criatividade, precisa de teimosia, persistência, repetição. Fazer uma marca pode levar anos. O Itaú é um bom exemplo disso. A partir de 1973, quando Olavo Setúbal passou a comprar banco atrás de banco, ele pensou: ou eu construo uma marca ou isso vai ser uma salada de frutas. Resolveu investir nisso e fez uma grande marca, com uma comunicação consistente, trabalho que segue até hoje.

Faz toda a diferença.

* * *

O volume de dinheiro que passou a circular pela publicidade ficou maior, porque há um número maior de plataformas. As verbas também passaram a crescer todo ano, porque crescem as empresas; e têm que crescer, pois quem não cresce morre. Aumentou a exigência do mercado, que sempre foi extremamente competitivo; a oferta de bens e serviços pelo meio digital acirrou a concorrência exponencialmente.

A inteligência artificial é um acelerador ainda maior desse fenômeno. Saímos de um crescimento incremental para um crescimento exponencial. O consumo de conteúdo, como o de bens, não diminui. Houve uma multifragmentação das mídias convencionais, e a jornada do consumidor mudou: acabou o hábito de ficar várias horas à frente do aparelho de TV, mas muita gente passou a fazer isso pelo celular.

A venda passou a ser personalizada, e a produção também. Se a Amazon sabe que livro você já comprou, oferece livros novos, que têm a ver com o seu hábito de ler; é como se conhecesse você. E ela conhece. Parece algo novo, mas de certa forma voltamos para a caderneta do padeiro da minha infância. Eu sempre fui muito ligado a vendas, desde criança, e conversava com o padeiro lá perto de casa, no Pacaembu. Eu tinha um pastor-alemão muito bravo; segurava o cão, enquanto o padeiro me mostrava a caderneta em que anotava as encomendas. Sabia o que cada um gostava de comprar. Assim, eu ficava sabendo que um vizinho comprava pão francês, outro, bisnaga, e assim por diante. Sabendo do que seus fregueses gostavam, ele vendia mais.

– O senhor não se atrapalha?

– Não, eu anoto tudo!

Sem a caderneta, ele estaria perdido. Sabendo o que ia entregar, saía com o caminhãozinho Ford e deixava o pão na porta dos moradores.

O sorveteiro, o seu Bola, trabalhava de um jeito parecido: vinha com o carrinho na rua, conhecia as crianças e sabia do que cada uma gostava.

Eu achava aquilo fascinante – e, no fundo, o que está acontecendo hoje é a tecnologia ajudando a fazer aquilo que o padeiro já fazia na caderneta e o sorveteiro na lembrança: entender o que as pessoas queriam, para vender certo e mais para cada uma.

Eu brincava com o padeiro:

– Um dia ainda vou roubar essa sua caderneta...

– Não brinca, menino!

De certa forma, roubei.

* * *

Sou do tempo em que o CEO ficava dez anos no cargo e o CMO virava presidente. Hoje, o CEO dura cinco anos; o CMO, três. Não haverá mais empresários como os que se mantiveram quarenta anos no poder das empresas e da mídia. O mercado muda muito rápido, é vivo, em constante transformação, e as pessoas também entram nesse ritmo: precisam de mudança, ela se torna necessária.

Em agosto de 2015, Manir Fadel saiu da Lew'Lara\TBWA; recém-casado, queria morar fora e ter uma experiência internacional. Foi trabalhar na Ogilvy, em Londres, e morou também em Paris e em Madri. Muitos dos criativos que com muito talento ajudaram a construir nossa história voaram para outras agências no Brasil e no mundo, como Rafael Pitanguy, Bernardo Romero, Ricardo Dolla, Toni Fernandes, Leo Claret, Max Geraldo, Cesar Herszkowicz, Mariana Sá, Luciano Lincoln, João Braga, Pernil, Xã Vilela, Felipe Gall, Pedro Rosa, Bob Kilciauskas, Marcelo Rizério, Braulio Kuwabara, Fabio Abram e Adriano Gehres.

No lugar de Manir, como sócio e novo diretor de criação, chegou o Felipe Luchi. Em dezembro de 2017, depois de dezoito anos na agência, Márcio Oliveira também saiu, com um convite irrecusável, feito pelo Nizan Guanaes, para ser o CEO da DM9.

Para a agência, foi um impacto muito grande. Em janeiro de 2018, eu, que era o *chairman*, voltei a ser CEO, temporariamente. Fiquei no cargo até o ano seguinte, enquanto corria a busca por um novo CEO, que estava muito difícil.

Nesse curto período, a agência teve um crescimento. Foi muito bacana: o "velhinho" voltou. Em 2018, por meio de concorrências, ganhamos contas importantes, como a da Piraquê, fabricante de biscoitos, que é uma *love brand* – eu mesmo amo biscoitos e cresci comendo Piraquê.

Ganhamos também a conta da CVC, fundada por Guilherme Paulus e Valter Patriani, com o Luiz Eduardo Falco à frente. Maior operadora de turismo do Brasil, com a qual grande parte dos turistas brasileiros viaja pela primeira vez, foi a empresa que permitiu o acesso da classe média ao turismo doméstico e global. Ela pega pela mão aquele cliente que não sabe nem apertar o cinto de segurança no avião, vai para Cancún com medo, segue a bandeirinha do guia e até estudou inglês, mas nunca viajou e não tem desenvoltura para falar. Uma conta importante, de uma empresa muito querida por tudo isso.

Já tínhamos a conta da Friboi, e a JBS nos entregou também a conta da Swift.

Foi um período muito bom, com um time que contava, além do Felipe Luchi na criação, com o Luiz Ritton na mídia; Wilson Negrini no atendimento e operações; e Renata d'Ávila no planejamento. Em dezembro de 2019 chegou a Marcia Esteves, que estava na Grey, para ser a nova CEO da Lew'Lara, trazida pela nossa CFO, Sheila Wakswaser. Em janeiro de 2020, já estávamos conquistando a conta da Camil, de arroz e feijão, além de Açúcar União e Coqueiro. Com essas conquistas, Márcia estreou com o pé direito.

Logo depois da entrada de Márcia, aconteceu a pandemia. Em março de 2020 veio o *lockdown*: todos isolados em suas casas. Pensei: e agora? Veio a solução da videoconferência. Aquela ideia de todo mundo sob o mesmo teto – criação, planejamento, atendimento e mídia – mudou para um novo modelo. Aprendemos a trabalhar dessa forma e tivemos um ano excelente em 2020, sob a liderança de Camila Costa na iD e de Marcia Esteves na Lew'Lara.

Uma ilusão que nós tivemos foi que a pandemia ia acabar. Não acabou, porque teve a segunda fase do vírus em 2021, e aquele sistema provisório se consolidou como uma prática. O mercado, no entanto, não parou, pelo contrário. As pessoas não deixaram de ter desejos e necessidades e de consumir. O milagre se fez: conseguimos desenvolver estratégias de comunicação e ter êxito mesmo durante aquela crise. A mídia exterior e o cinema sofreram mais, mas no plano geral o mercado cresceu. Houve uma explosão do *e-commerce* e um aumento enorme no consumo de mídia, tanto a tradicional quanto a das plataformas digitais e em *streaming*.

Ultrapassamos a covid-19 crescendo. Tristemente, na epidemia perdemos dois colaboradores: Marcos Bottino – o Marcão, de TI – e Eliana Antiqueira, de criação. Foi um período muito duro, mas que superamos, pessoal e coletivamente, pois ninguém largou a mão de ninguém. Chegamos a 2022, mas começou um novo tempo.

A mudança na Lew'Lara\TBWA refletiu o contexto do mercado, que vive em movimento e por vezes passa por transformações importantes. O meio digital, mesmo antes da pandemia, criou novos comportamentos que diminuíram o contato pessoal. Na pandemia de covid-19 eu imaginava qual seria o futuro das agências sem a convivência diária, mas passamos a nos reunir pela telinha do computador e trabalhamos produzindo e colocando campanhas no ar. O consumidor, mesmo em casa, continuava comprando.

Quando as restrições da pandemia diminuíram, as atividades presenciais voltaram com a força da saudade. O brasileiro é um povo gregário: gosta de gente, vai ao bar, se reúne no esporte, na roda de samba, no funk, no rap. Isso não deixou de existir.

O mundo da experiência não desapareceu; ao contrário, ao longo do tempo, cresce e vem se sofisticando. Quando fez o primeiro Rock in Rio, em

1985, Roberto Medina quebrou. Hoje, esse mesmo evento é uma plataforma mundial de experiência, com mais de oitenta marcas patrocinadoras. Medina criou também o The Town, com as mesmas características. Tem um grupo de comunicação com uma agência de publicidade, a Artplan, e diversas outras empresas, como a Dream Factory, de experiência promocional.

O mundo muda, mas o serviço vai ganhando valor agregado, geração após geração. Há uma piada que ilustra a evolução do mundo da experiência: "No seu aniversário, minha avó comprava farinha, ovo e chocolate e fazia um bolo bacana, em casa. Minha mãe, para fazer o bolo, já comprava a mistura da Dr. Oetker. Minha mulher já não faz bolo, nem com a mistura, nem com a receita original: ela compra na Amor aos Pedaços". Quando começamos a fazer festinhas de aniversário para minha filha, com dois anos de idade, íamos ao bufê infantil, uma festa tremenda, com show de mágicos, cachorros amestrados e assim por diante. No final, a gente pagava tudo aquilo e o dono dizia que o bolo era oferta da casa.

Esse é o mundo da experiência: se minha avó gastava R$ 5,00 fazendo um bolo; minha mãe gastava R$ 20,00 com a mistura da Dr. Oetker; o bolo da Amor aos Pedaços custa R$ 200,00; o bufê infantil custa R$ 1.500,00 – e o bolo sai de graça. Esse é o mundo em que entramos.

Há coisas que não têm preço. Isso é a experiência. Por isso a Mood, como a iD, deu tão certo. Eu não podia prever o futuro, mas sabia que tinha de me mover. A gente não pode trocar janela por espelho. Não adianta ficar dizendo "a Lew'Lara é grande, maravilhosa", olhando para nós mesmos – o espelho. Pela janela é que se veem as oportunidades. Quando abrimos a iD, em 2007, não tínhamos ideia de que ela se tornaria não apenas uma aceleradora digital, mas como também uma agência completa – e uma grande agência. Mérito enorme da Camila Costa, que desde 2014 como sócia e CEO lidera a agência com muita competência. Tínhamos de empreender, inovar, sair da zona de conforto. Colhemos os resultados, mas eles já não servem de nada: todo dia, começamos tudo de novo.

O segredo desse negócio é criatividade, talento e inquietude. Você não pode se acomodar. Ainda mais com a fragmentação da mídia, que implicou também uma fragmentação das verbas, porque a comunicação passou a ser descentralizada. As pessoas começaram a passar mais tempo no celular do que na TV, a ir mais a shows e eventos, e as verbas da publicidade migraram. É preciso ter diferentes disciplinas para atender às necessidades dos clientes que já existem e ir além – buscar clientes novos.

O certo é que a Lew'Lara e a Mood andaram bem com sócios muito jovens, que tinham essa disposição de estar sempre em ação. Jaques, mais velho que eu, quando ainda cuidava da criação da Lew'Lara, não se envolvia muito na iD nem na Mood. Porém dava força, dizia "vai!". Ele entendia que, com novos talentos, fazíamos uma reenergização.

Não é que eu era o gênio da lâmpada; todos os grupos de comunicação fizeram isso. Cerque-se de bons talentos e dê-lhes condições para trabalhar, mas não ache que eles irão se conformar com um bom salário. Vá além. As pessoas precisam de perspectivas.

Parece que o mundo mudou, mas nem tanto; é apenas outro ciclo. De certa forma, o que fiz na Mood e na iD, trazendo sangue novo, é o mesmo que fizeram comigo lá atrás o José de Alcântara Machado e principalmente o Alex Periscinoto, ao me colocarem, ainda muito jovem, à frente da Almap Promoções. O ímpeto de procurar coisas novas sempre foi e continua sendo essencial para esse negócio – e para a vida.

E nesse negócio, o QUEM é sempre fundamental. Sorte minha ter tido o Jaques como eterno sócio e ter a oportunidade de trabalhar com Camila Costa e Marcia Esteves no comando da iD\TBWA e da Lew'Lara\TBWA. Isso sem contar a tranquilidade na gestão administrativa financeira, primeiro com Fernando Lara, de 1992 a 2007, e a partir daí com minha amiga e sócia Sheila Wakswaser, que cuida do Grupo TBWA no Brasil. Fernando e Sheila são pessoas e profissionais em que eu confio totalmente, e que me trouxeram e trazem sempre uma visão de negócios que fez toda a diferença na minha trajetória empresarial.

7

CAUSA E PROPÓSITO

Deixei a operação, o dia a dia das agências, mas sou cada vez mais advogado de causas, pela via da comunicação. O fato de eu ter estudado Direito, com a minha formação moral muito rígida, me levou nessa direção. Não sou advogado, porque não fiz o exame da OAB, mas exerço a advocacia da minha maneira, defendendo os ideais em que acredito.

Sempre tive em mim o que acho ser o toque de Midas da minha geração, que defendeu a liberdade democrática, o livre mercado e as questões ambientais e de sustentabilidade. Esse perfil ajudou muito a Lew'Lara, pioneira ao associar empresas com a defesa de causas, de forma a alcançar um propósito com o qual as pessoas se identificam.

Essa é uma das minhas características. Outra é a ansiedade capricorniana. Entro num lugar já pensando na porta de saída. Sou extremamente otimista e esperançoso na ação, mas ao mesmo tempo sempre prevenido para o que pode dar errado.

Com a entrada da Marcia Esteves na Lew'Lara, pedi licença aos queridos sócios da TBWA para abrir um *hub* de inteligência, por meio do qual passei a atuar em comunicação e *advocacy*. Desde então, tenho cuidado da TO BE GOOD, cuja criação amadureci em conversas com o PH, ex-sócio da Mood. Desenvolvemos ótima relação e sempre falamos em abrir uma agência para resolver problemas de comunicação que somente a propaganda não consegue resolver.

Abri a empresa em 2019 e convidei Ester Krivkin e Pedro Fernandes Lara para liderarem a equipe. Paulo Henrique Gomes, o PH, junta-se a nós em alguns projetos. Para atuar em comunicação e *advocacy*, combinamos que atenderíamos poucos e bons clientes, a fim de ajudá-los na estratégia de comunicação e nas causas e propósitos das marcas.

Abraçamos desafios de empresas que entram em litígio ou enfrentam dificuldades. Às vezes, a empresa precisa ser reposicionada por causa da imagem, num cenário em que se disseminam ideias ou acusações para a destruição de reputações, ou devido a dificuldades com as mudanças na natureza do negócio. É o caso dos que sempre prestaram serviço presencialmente e passaram a fazê-lo de forma digital.

Nesse *hub* de inteligência, não tenho concorrente direto. A forma como trabalhamos expressa aquilo em que acredito: uma empresa tem, ou deve ter, causa e propósito. Sempre estive envolvido com clientes que pensavam da mesma forma, como o Banco Real, depois Santander, e Natura, que cresceu defendendo causas como a da sustentabilidade.

Na TO BE GOOD, cuidamos institucionalmente de empresas e entidades; ajudamos a definir o seu tom de voz – do discurso do presidente até a forma como esse tom de voz vai ser propagado aos parceiros da marca e a toda a sociedade. É um trabalho de inteligência junto ao cliente: dessa diretriz é que vai a mensagem para a agência de propaganda, a assessoria de imprensa e todas as outras disciplinas da comunicação.

Já sou visto com esse ar de senioridade, como um consultor, pela experiência de mais de 45 anos de comunicação e pela facilidade de reunir pessoas para discutir, debater, organizar. É uma maneira de exercer meu pendor para o lado institucional, de advogado sem OAB, de político conciliador, e ao mesmo tempo empregar minha experiência em comunicação a serviço de presidentes de empresas e conselhos de administração.

Na TO BE GOOD, desenvolvemos projetos de comunicação que são também do interesse público. Faço isso pelo prazer de trabalhar com a equipe da TO BE GOOD, que me mantém no dia a dia operacional. Fazemos o diagnóstico – o *sprint*, para discutir o problema –, até chegar ao *briefing* com a mensagem para ser distribuída aos colaboradores internos e aos parceiros. Falo com quem decide: o presidente e o conselho de administração. A partir daí, começa a trabalhar a agência, o PR, a assessoria de imprensa. O trabalho tem começo, meio e fim. A TO BE GOOD só se envolve em problemas que a publicidade não pode resolver.

Causa e propósito são importantes porque a propaganda, dentro da comunicação, também é um agente transformador. Assim como ela promoveu a inclusão do brasileiro pelo consumo, foi pioneira no movimento pela sustentabilidade. A propaganda brasileira pode abraçar causas. O consumidor, cada vez mais consciente, se conecta com causas que as marcas abraçam. Assim contribuímos, na propaganda, para o desenvolvimento do país, da sociedade e, em última análise, do mundo.

Nós, empreendedores, somos responsáveis pelas mudanças. O Luiz Salles, o Alex Periscinoto e o jornalista Walter Fontoura, que criaram uma empresa chamada LMS, que existiu durante quinze anos fazendo o mesmo que faço hoje, já sabiam disso. Mauro Salles também cuidava lindamente da comunicação institucional das empresas, na Salles Interamericana, com o filho, Paulo Salles.

A comunicação mudou muito, fragmentou-se, mas essa visão de comunicação social, como parte indissociável do próprio negócio, ainda é fundamental. Cada vez mais, empresários terão de se posicionar sobre assuntos de interesse público: causas que interessam a todos e que a sociedade debate. A imprensa é livre para fazer esse trabalho, mas temos de oferecer um tom de voz para atuar nessas causas. Esse caminho é inexorável.

Não se pode apenas querer a eficiência do setor público, algo que as empresas se acostumaram a exigir, geralmente sem muito sucesso. ONGs e entidades da sociedade civil estão ocupando cada vez mais espaço. As empresas têm de fazer o mesmo.

Um exemplo dessa iniciativa foi a união do Itaú, do Bradesco e de outros bancos e empresas para contribuir com o combate à pandemia, comprando testes rápidos e equipamentos, como tomógrafos e respiradores, entre outras ações, durante a covid-19. Quando o presidente norte-americano Donald Trump assumiu o governo pela segunda vez e retirou o apoio dos Estados Unidos às entidades climáticas, em janeiro de 2025, a Natura publicou um anúncio no dia seguinte para reafirmar sua crença na necessidade da defesa da sustentabilidade. Isso é *advocacy*.

No Brasil, o empresariado tem muito medo de se posicionar com relação ao governo de plantão, até pelo peso do Estado na nossa economia.

Temos de dar aos empresários um tom de voz adequado para editar sua participação nas causas que são deles, mas também são de toda a sociedade. Os consumidores continuarão comprando, mas cada vez mais abraçando causas e as marcas com as quais se identificam. As marcas somos nós. Essa tendência veio para ficar e está se aprimorando.

* * *

Eu me sinto bem no papel de advogado de causas. Sou ainda o mesmo orador da turma do Ofélia, o apresentador do Miss Rio Branco, o estudante envolvido com política na São Francisco, que serviu na Paulistur e na Embratur e participou da redemocratização brasileira. Fiz agências de promoção, desde a Almap Promoções, e fiquei muito tempo focado no desenvolvimento de agências de publicidade. Porém, nunca deixei de atuar na comunicação no sentido social, mais amplo, o que inclui participar de atividades do terceiro setor, em que comecei a atuar em 1995, na Obra do Berço, entidade de assistência social criada no início do século passado, que acolhe em suas creches crianças até quatro anos de idade em situação de vulnerabilidade.

Dedico uma parte do meu tempo também a levar o espírito do empreendedorismo como forma de promoção social, uma alternativa ou algo complementar ao assistencialismo. Em 1999 eu estava lá, na cerimônia de fundação do Instituto de Cidadania Empresarial (ICE), no Teatro São Luiz, na Avenida Presidente Juscelino Kubitschek, perto do galpão da Lew'Lara, com um grupo de empresários expressivos que queriam desenvolver atividades sociais de impacto – isto é, o investimento em negócios voltados para a criação de renda, beneficiando comunidades carentes.

Participaram da formação do ICE Rubens Ometto Silveira Mello, Renata Camargo Nascimento, Luiz Marzagão Ribeiro, Ana Maria Diniz, Guilherme Afonso Ferreira, Tito Henrique da Silva Neto, José Ermírio de Morais Filho, entre outros. Compareceu à cerimônia de lançamento do instituto dona Ruth Cardoso, socióloga, casada com o então presidente Fernando Henrique e que, como primeira-dama, presidia o programa Comunidade Solidária do governo federal. Todos os empreendedores ali reunidos, a convite de Renata Camargo Nascimento, já atuavam na área social, e muitos deles tinham institutos e fundações dentro das suas empresas, mas queriam ir além.

O primeiro projeto do instituto foi a escola no Real Parque, em São Paulo, com centro poliesportivo, comida, cultura e computação. Cuidei da comunicação da entidade e batizei a escola de Projeto Casulo, para que fosse o início da transformação, como da lagarta em borboleta. Falamos com a então prefeita Marta Suplicy, que fez a doação da área para a implantação da escola, e viabilizamos os recursos. Deixamos pronta toda a infraestrutura, e o Casulo continua funcionando muito bem; depois de dez anos, como se propunha o projeto, sua gestão passou para a comunidade e sua administração é feita pela Liga das Senhoras Católicas.

No ICE, fomos pioneiros em fazer no Brasil o que já fazia Ronald Cohen – grande empresário inglês, um *wealth guy* que ganhou muito dinheiro na Bolsa de Valores de Londres e a partir de certo momento achou que dava para criar fundos de investimento que fossem revertidos em projetos de impacto social. Ele começou com os presídios na Inglaterra, especialmente com a criação dos Social Impact Bonds (SIBs) – títulos de impacto social –, instrumentos financeiros que atraem capital privado para financiar soluções sociais, com retorno condicionado ao sucesso mensurável dos resultados.

No caso dos presídios, Cohen lançou o primeiro SIB em 2010, em Peterborough, com o objetivo de reduzir a reincidência criminal entre ex-detentos. Investidores privados financiaram programas de reabilitação, e o governo se comprometeu a pagar os investidores apenas se as taxas de reincidência caíssem além de um certo patamar. O resultado: houve uma redução significativa da reincidência, demonstrando que é possível alinhar retorno financeiro com transformação social.

Esse modelo inovador não só mudou a forma como políticas públicas podem ser financiadas, como também ajudou a consolidar o conceito de "investimento de impacto" no mundo, tornando *Sir* Ronald Cohen uma das maiores lideranças globais na busca por soluções sustentáveis para problemas sociais.

Aplicamos esse modelo no Brasil, lançando negócios de impacto social nas comunidades das periferias. Trouxemos Cohen para o Brasil, lançamos a campanha nacional das políticas de impacto e depois o livro dele, publicado pela Matrix Editora: *Impacto: um novo modelo de capitalismo para gerar mudanças verdadeiras no mundo.*

Investimos em negócios de impacto em seis cidades: Paranaguá, no Paraná; Porto Alegre, no Rio Grande do Sul; Brasília, no Distrito Federal;

Fortaleza, no Ceará; Campinas, em São Paulo; e em Belém do Pará. Em Belém, apoiamos a biodiversidade local: como manter a floresta em pé e de uma forma socialmente inclusiva, gerando oportunidade para 27 milhões de pessoas que vivem naquela região da Amazônia.

Na Amazônia há garimpo ilegal, há destruição, há contrabando, mas também há gente disposta a mudar essa situação, e eu acredito que isso é possível. Formamos uma coalização com as incubadoras locais, os conselhos, as universidades, as unidades do Sesi e do Sebrae e os governos estaduais.

Desde 1999 estou também na Childhood Brasil, a convite de Rosana Camargo de Arruda Botelho. A entidade é um braço da World Childhood Foundation, criada pela rainha Sílvia, da Suécia, filha de brasileira, que por muito tempo morou em São Paulo. A instituição tem escritórios na Suécia, na Alemanha, nos Estados Unidos e no Brasil. O presidente é Carlos Jereissati, da rede Iguatemi de shopping centers; sou um dos dois vice-presidentes, ao lado de Paula Setubal.

Sempre estive muito envolvido com a educação. Sou um dos fundadores do movimento Todos pela Educação, com Milu Villela e Priscila Cruz, diretora da instituição, da qual sou conselheiro. Pela mesma razão, sou também conselheiro e membro da assembleia da Escola Superior de Propaganda e Marketing (ESPM).

Gosto muito de arte contemporânea e, a convite de José Olympio Pereira, fui diretor de comunicação da Fundação Bienal de São Paulo, nos dois mandatos dele; no mandato de Andrea Pinheiro, passei a ser vice-presidente, junto com Maguy Etlin. A convite do Fábio Barbosa, também sou conselheiro da Fundação da Orquestra Sinfônica do Estado de São Paulo (Osesp).

Sempre procurei ainda advogar pelas causas da publicidade, em particular, e da comunicação, de forma geral. Não adianta nos dedicarmos apenas ao negócio; é necessário também cuidar da indústria, como um todo, para que ela possa colaborar com o país e o próprio negócio. Aprendi isso com a geração de publicitários e empreendedores da mídia que estabeleceram as bases do mercado na década de 1960: ao organizar a indústria, eles permitiram não apenas o crescimento do setor, como fizeram a comunicação do Brasil estar entre as melhores do mundo. Esse trabalho é permanente; cada geração fica com essa guarda, assim como um patrimônio que se deixa para o filho.

Temos o dever de continuar cuidando da nossa indústria, para garantir o seu futuro. Com esse propósito, fui presidente da ABAP de São Paulo, em

2003, e vice-presidente pelos dois mandatos do Dalton Pastore, de 2004 a 2009, quando o ajudei a organizar o IV Congresso da Indústria da Publicidade, em 2007; como palestrante, trouxemos Kofi Annan, ex-secretário-geral da ONU. Fui também presidente da ABAP nacional de 2009 a 2012, quando realizei o V Congresso, em 2011: dessa vez, o convidado foi Desmond Tutu, arcebispo sul-africano, prêmio Nobel da Paz.

Em dezembro de 2021 assumi também a presidência do Cenp, outro cargo *pro bono*, isto é, sem remuneração. A entidade reúne agências de publicidade, veículos de comunicação, elos digitais e anunciantes. Porém, estava dividida: os anunciantes tinham deixado o Cenp, assim como os elos digitais; desde que assumi, eles voltaram. É um foro para harmonizar as relações comerciais entre os agentes do mercado, importante para que possamos continuar crescendo com ética, inovação e, acima de tudo, respeito ao nosso papel no desenvolvimento.

Ali no Cenp aprendi a fazer uma mediação permanente, ao lado de Regina Augusto, diretora executiva, meu braço direito, e Dudu Godoy, vice-presidente, com quem faço uma cogestão. Isso sem contar sua valiosa equipe, de cerca de vinte profissionais, com destaque para Juliana Souza de Andrade, que está conosco desde o início.

No Cenp, tenho a oportunidade de continuar conectado com os talentos da nova geração. Como Marcio Santoro, Sergio Gordilho, Filipe Bartholomeu, Anselmo Ramos, Edu Simon, Rafael Urenha, Paulo Ilha, Guga Ketzer, Vinicius Reis, Hugo Rodrigues, Fábio Brito, Ricardo Figueira, Fabio Rosinholi e Rodolfo Medina.

Destaco ainda as mulheres superprofissionais que me cercam, como Marcia Esteves, Camila Costa e Sheila Wakswaser, bem como as lideranças femininas nas agências, como Paula Puppi, Gabriela Onofre, Carol Boccia, Renata Bokel, Gabriela Borges, Gláucia Montanha, Lica Bueno, Karina Ribeiro, Rafaela Queiroz, Camila Hamaoui, Sylvia Panico e Valeria Barone. Ao longo de todos esses anos, posso dizer que só não perdi o rumo graças às minhas assistentes, desde a Ana Maria Ostrower, na Lara, Stalimir, que depois foi responsável pela conta de Aruba, até a Tereza Akizawa e a Jussara Marques, que estão comigo até hoje.

Os veículos de comunicação também precisam ser fortalecidos; são uma instituição fundamental da democracia e importantes para a sociedade, de maneira geral, e a indústria da comunicação, em particular.

O publicitário é um contador de histórias com o poder da síntese, mas a propaganda não é literal. Sempre defendi a liberdade de expressão comercial e a "separação entre Igreja e Estado na comunicação", ou seja, o que é conteúdo informativo e o que é publicidade. Os veículos já não detêm o monopólio da comunicação, mas é importante associar marcas à informação com qualidade e credibilidade, para que elas também tenham credibilidade.

Por fim, e não menos importante, como são-paulino fanático, sou um dos três conselheiros independentes do São Paulo Futebol Clube, a convite de José Eduardo Mesquita Pimenta e Julio Casares, ex-presidente e presidente do São Paulo, respectivamente – os outros dois são Ricardo Lacerda, presidente do BR Partners, e Marcelo D'Arienzo, do Grupo Península, administrador dos recursos da família de Abilio Diniz.

Contribuo com todas essas entidades pensando no impacto social que podem causar. Acho que temos de devolver à sociedade as oportunidades que a sociedade nos dá. Tem gente que gosta de reclamar de pagar imposto; eu gosto de ajudar.

* * *

O Brasil é uma telinha, e o brasileiro é muito comunicativo, mas lê pouco; não é reflexivo. O principal ativo dos negócios, hoje tão associados à comunicação, é a inteligência. Cada vez mais as empresas dependem de comunicação e, portanto, de dados, tecnologia e criatividade.

Os dados trazem *insights* poderosos, mas uma coisa não muda. Precisamos do talento humano: o "quem". A IA vai substituir tudo? A máquina está presente, mas sem o talento humano, a intuição, a inteligência real, nenhum negócio prospera.

A propaganda só é uma indústria criativa de ponta no Brasil porque gera as condições para produzir talento. Graças à inteligência humana e à capacidade de quem sabe enxergar a realidade, podemos ver adiante, inventar, fazer o inesperado, assumir a liderança.

Nós, seres humanos, somos ainda as estrelas do negócio. Não apenas em comunicação, como em qualquer negócio. Pode parecer paradoxal afirmar isso, justamente quem, dentro da comunicação, sempre se colocou como aquele personagem que não precisa aparecer. Ao contrário, meu trabalho sempre foi colocar os clientes sob o holofote, e não a agência.

Comecei humildemente, fazendo uma história de sucesso com os clientes que não eram anunciantes, e mantenho essa postura ainda hoje. Com o resultado, estou mais calmo, é verdade, e talvez menos obsessivo; porém, ao meu estilo, não perdi a vontade de impactar o mercado e transformar a sociedade, e sei que não há ambição maior.

Posso dizer, pela minha própria trajetória, que nos acostumamos a pensar que o mundo muda e que temos que mudar com o mundo, mas somos nós que mudamos o mundo – e continuamos a mudá-lo. Na minha geração, com a redemocratização, não conquistamos a liberdade apenas no Brasil. Foi um processo que correu o mundo: ao mesmo tempo caíram as ditaduras na América Latina, o Muro de Berlim e o regime soviético. Os mais jovens podem não ter consciência plena disso, mas foi essa liberdade que criou uma era de grande prosperidade. Dela veio a tecnologia digital, o *smartphone*, a inteligência artificial.

Os benefícios foram muitos. Claro que morrer faz parte da vida, mas o aumento da longevidade é algo real, que veio graças a esse desenvolvimento, não só da medicina, com a tecnologia, como da mudança de hábitos, que conseguimos pela conscientização feita também pela comunicação. Melhorou o cuidado do ser humano consigo mesmo: diminuímos o hábito de fumar, há uma preocupação com a alimentação saudável e com a atividade física. Num país com um déficit educacional como o do Brasil, a publicidade promoveu boa parte dessa educação pelo consumo: ajudou a transformar hábitos e a melhorar a qualidade de vida. A comunicação, de forma geral, mudou processos, aumentou a transparência na gestão pública e contribuiu decisivamente para um aperfeiçoamento de todas as atividades até um ponto que nós mesmos, autores de tudo isso, nem podíamos imaginar.

Essa transformação dos negócios e da sociedade foi conseguida com inteligência e com a experiência de vida de quem foi galgando etapa por etapa. Estamos num mundo cada vez mais tecnológico, mas esse avanço vem do nosso aprendizado, isto é, da experiência humana. Precisamos seguir dessa maneira. Ninguém, especialmente o publicitário, pode perder o contato com a rua, deixar de colocar a barriga no balcão, para sentir o pulso do negócio. Do conhecimento, que vem muito da vivência, é que surgem as grandes ideias. O "que" continua vindo atrás do "quem", do talento humano, do criador.

A comunicação procura traduzir o jeito de ser e de fazer de uma marca, de uma empresa, e tem de ser mutante, para apoiar empresas que vivem também num mundo e num mercado em mutação. Esse espírito foi incorporado com muito sucesso na comunicação da Apple, que a Media Arts Lab atende também no Brasil, cujo *slogan* é o "Think different", criado brilhantemente por Lee Clow, na TBWA\Chiat\Day. Procura apenas expressar o jeito com que Steve Jobs queria fazer produtos e serviços – uma "economia do design", em que tudo, desde o antigo Mac, o computador de mesa da Apple, até a embalagem do *smartphone* de hoje, é modelado de uma forma inovadora, original, anticonvencional.

Menciono Lee Clow porque desde 2007, quando me associei à TBWA, tive o privilégio de conviver com talentos e visões de mundo como a de Jean-Marie Dru, Tom Carroll, John Hunt, Reg Lascaris, Denis Streiff e Erin Riley, entre muitos outros. Destaco Troy Ruhanen, que liderou a TBWA e hoje preside a OAG – Omnicom Advertising Agency, coordenando todas as agências do nosso grupo. Cada conversa é um grande aprendizado, principalmente agora que a comunicação está passando por um processo de disrupção, com a chegada da inteligência artificial.

Realmente Jaques e eu escolhemos o parceiro certo, e me sinto parte da família Omnicom, em virtude dos valores e crenças que compartilhamos. Posso resumi-los na frase dita pelo meu amigo e ex-sócio na iD\TBWA, Domenico Massareto: "Pessoas são consistentemente imprevisíveis. Máquinas são inconsistentemente previsíveis".

Para comunicar a alma de uma marca, o jeito de ser e de fazer da empresa, é preciso respirar o mesmo ar que ela respira. Você percebe a diferença ao entrar nela, ao conviver com ela. A marca é melhor quando essa alma vem da rua, quer dizer, da sociedade, em sintonia com o que está acontecendo lá fora, de forma a captar também como influir nesse mundo, por meio de ideias que as pessoas queiram seguir.

A tecnologia cada vez mais intermedeia tudo: você vê conteúdo no *smartphone*, faz pesquisa, tira dúvidas, compra pelo aplicativo, recebe o produto em casa. Você pode ver referências e, com a IA, criar uma campanha rapidinho. Porém, o publicitário não deixará de existir. Se você ficou só no celular e não foi para o bar, não bebeu, não conversou, não deu risada, não andou na rua, você não sabe o que está acontecendo. A marca tem que criar um conteúdo com o qual as pessoas se identifiquem.

As empresas precisam ser parceiras do consumidor. Para isso, não bastam dados: é preciso estar ao lado dele.

Sempre haverá necessidade de comunicar produtos, marcas, ideias. Quando você está ao lado do consumidor, consegue superar melhor inclusive as crises. A crise passa, o país não acaba. A nação é maior que qualquer governo. E as marcas que estão com o consumidor prevalecem.

Nenhuma empresa pode abrir mão do seu tom de voz. Por isso, também sempre haverá talentos reunidos, unindo a comunicação à mágica criativa. E esses talentos, com humildade, curiosidade, ousadia, atenção permanente, vão estar sempre conectando marcas e pessoas. Esse grupo de pessoas, o "quem", será preservado e bem remunerado.

Para mim, ser publicitário nunca foi apenas uma profissão. É um jeito de enxergar o mundo, de encontrar histórias onde ninguém vê e transformar ideias em movimento real. Desde 1987, quando entrei nesse universo pela Almap, e depois, ao fundar a Lew'Lara ao lado do querido Jaques Lewkowicz – de quem tanto sinto falta –, nunca deixei de me encantar com essa magia.

Hoje eu vejo o mercado por um novo ângulo, mas com o mesmo brilho nos olhos. A criatividade segue sendo nosso maior ativo. A paixão, nossa bússola. E a inovação, nosso combustível. A comunicação se transforma e se reinventa, mas uma coisa nunca muda: nossa capacidade de emocionar, de conectar e de mover mercados e pessoas.

Criamos campanhas que atravessam e marcam gerações, fazemos com que as marcas se tornem parte da vida das pessoas; contamos histórias que fazem a diferença e tocam a alma de quem consome. Criamos culturas, mudamos crenças e hábitos, quebramos paradigmas. Por isso admiro Steve Jobs, que construiu a cultura da marca da Apple. Há outro criador que admiro e me inspira: Walt Disney, que, acreditando na mágica, soube criar um império a partir de um rato. Eles são prova de que uma ideia, que vem de uma só pessoa, pode mudar o mundo. É esse o poder que temos na comunicação.

É o que prova também essa minha trajetória. Se você ainda não acreditava que é possível, acredite.

ÁLBUM DE FOTOS

1984 - Luiz Lara aos 22 anos, na preliminar do "Jogo dos Momos do Carnaval de São Paulo", no Estádio do Morumbi, um dos eventos criados pela Paulistur.

1986 - Luiz Lara em 1986, com apenas 24 anos, quando, como diretor de marketing da Embratur, contratou Pelé como embaixador do Turismo.

1987 - Alex Periscinoto, Luiz Lara, Eduardo Colturato e José de Alcântara Machado na coletiva de imprensa do lançamento da Almap Promoções.

1988 - Luiz Lara e Ala Szerman, com quem Luiz Lara começou a trabalhar.

1988 - Luiz Lara na Almap Promoções com materiais promocionais da Copa Dan-up, para a Danone e outros clientes.

1988 - Luiz Lara ao lado de Fábio Quinteiro, seu pai Eduardo Lara e o amigo José Antonio de Castro Bernardes.

1989 - João Doria, Stalimir Vieira e Luiz Lara na agência Doria, Lara, Stalimir.

1991 - Washington Olivetto, Ricardo Ohtake, Stalimir Vieira e Luiz Lara na agência Lara, Stalimir.

1992 - Francisco Madia de Souza, Rodrigo Sá Menezes, Jaques Lewkowicz e Luiz Lara na coletiva de lançamento da Lew'Lara/Propeg.

Luiz Lara e Fernando Lara, que foi diretor associado de Administração e Finanças de 1992 a 2009.

1993 - Luiz Lara e Jaques Lewkowicz em 1993,
no início da Lew'Lara/Propeg.

2000 - Luiz Lara e Bia Lara, quando Luiz conquistou o Caboré como Agência do Ano.

2003 - Luiz Lara conquistou três prêmios Caboré como profissional e empresário da comunicação, além de um Caboré como Agência do Ano. Com Salles Neto, publisher e editor do Meio&Mensagem.

2012 - Luiz Lara e Desmond Tutu, arcebispo da África do Sul, no V Congresso Brasileiro da Indústria da Comunicação.

2012 - Luiz Lara, Washington Olivetto, Jaques Lewkowicz e Bruno Zani no lançamento do livro Lew'Lara 20 Anos.

2014 - Luiz Lara com Tony Ramos.

2014 - Marcio Oliveira, Jaques Lewkowicz, Luiz Lara, Manir Fadel e Sheila Wakswaser com toda a equipe da Lew'Lara\TBWA.

2018 - Luiz Lara recebendo o prêmio da TBWA das mãos de Troy Ruhanen, então CEO Global, e de Jean-Marie Dru, chairman Global.

2022 - Jaques Lewkowicz, Marcia Esteves (sócia e CEO) e Luiz Lara na festa de 30 anos da Lew'Lara\TBWA.

Luiz Lara e sua família. Da esquerda para a direita: Francisco, o caçula, Antônia, Luiz, Ana Teresa, Frederico e Bia, sua mulher e companheira.

MATRIX